Susanne Steffe und Hartmut Höfele

Mini-Spielstücke für das ganze Jahr

Schnelle Aufführungen für alle Feste und Feiern

Ökotopia Verlag, Aachen

Impressum

Autoren Susanne Steffe und Hartmut Höfele
Illustrationen Angela Fischer-Bick
Covergestaltung PERCEPTO mediengestaltung
Layout & Satz designmeetsmotion.com, Tina Meffert
Druck Drukarnia Dimograf Sp. z o. o.

ISBN 978-3-86702-599-7

Bleiben Sie in Kontakt

www.oekotopia-verlag.de

Inhalt

Vorwort

Herzlich willkommen in einer ganz besonderen Theater-Fundgrube, die sich vorwiegend am Kita-Alltag orientiert und sich thematisch den wichtigen und festlichen Anlässen im Kindergartenjahr widmet.

Zielgruppen sind neben Kindergärten, Kitas und Horten auch Familien, Freizeitgruppen und alle anderen Interessierten.

Nach einer kleinen Einführung und einigen „Warm-up-Spielen“ finden sich in 12 themenorientierten Kapiteln jede Menge Theaterspiele & Aufführungsideen, die in der Reihenfolge der Chronologie des Kindergartenjahres entsprechen. Zu fast jedem Anlass wird auch ein musikalischer Part vorgeschlagen, z. B. ein Lied mit bekannter Melodie und einem dem Anlass entsprechend neu gedichteten Text.

- Am Anfang steht mit „Willkommen in der Kita“ die festliche Begrüßung der „Neuen“ auf dem Programm.
- Es folgen Vorschläge für das musikalische Morgenkreistheater.
- Die Herbstzeit und das Erntedankfest werden unter anderem mit einem komischen Kochlöffeltheater zelebriert.
- Das nächste Kapitel ist zu jeder Zeit einsetzbar, es widmet sich den Vorgängen in der Kita sowie dem Umgang der Kinder miteinander.
- Weiter geht es mit Halloween und einem Monster, das nicht monstern will.
- Zur Lichterzeit leuchten Laternen im Schattentheater.
- Winter- und weihnachtlich geht es in der Wichtelwerkstatt zu.
- Im Anschluss dreht sich alles um Geburtstagskinder.
- Zu Karneval wird es z. B. bei einer verrückten Modenschau richtig närrisch.
- Weiter geht es mit viel Oster-Hasen-Theater und einem heiteren Eiertanz.
- Beim anschließenden Sommerfest strapaziert unter anderem ein lustiger Schwimmertrupp die Lachmuskulatur.
- Dann ist schon wieder Zeit, von den zukünftigen Schulkindern Abschied zu nehmen, zum Beispiel mit dem Lied: „Muss ich denn, muss ich denn aus dem Kindergarten raus.“

Der Schwerpunkt liegt bei allen Spielstücken auf leichter Umsetzbarkeit mit möglichst wenig Material, möglichst kurzer Probenzeit und unterschiedlichen Aufführungs- und Einsatz-Szenarien, wie z. B. musikalisches Stuhlkreis-Theater, Puppen- und Schattentheater, Rollenspiele, Singspiele usw. So bietet dieses Buch eine tolle Gelegenheit, mit Kindern gemeinsam in die faszinierende und alle Sinne bereichernde Welt des Darstellenden Spiels einzutauchen. Denn eins ist sicher: Die meisten Kinder spielen leidenschaftlich gerne Theater und sie lieben Rollenspiele. Das Spielchen ist aber nicht nur eine spaßige, sondern auch eine pädagogisch äußerst sinnvolle Geschichte. Kinder profitieren auf ganz vielen Ebenen vom Theaterspiel, wie im nächsten Kapitel genauer beschrieben ist.

Viel Spaß mit viel Theater.

Warum Theateraktionen im Kindergarten?

Alle, die mit Kindern zu tun haben, erleben, dass schon die Kleinen großen Spaß am darstellenden Spiel haben. Bevor die Zwerge sprechen können, „schauspielern" sie in gewisser Weise, indem sie versuchen, sich durch deutliche Mimik und Gestik verständlich zu machen.

In den gemeinsamen Spielen ab etwa 3 Jahren werden durch die spielerische Entwicklung von Handlungsfolgen auch kreative Potenzen stark aktiviert.

Je älter die Kinder werden, desto mehr nimmt dann die Leidenschaft zu, unter Einbezug aller möglichen Gegenstände in verschiedene Rollen zu schlüpfen: „Ich wär dann mal der tapfere Ritter und du der böse Drache in der Höhle … "

Kinder sind recht früh in der Lage, sich kleine Geschichten auszudenken. Manchmal spielen sie auch erlebte Situationen nach, die sie innerlich beschäftigen. Auf eine gewisse Art führen sie dann sogar Regie: Sie suchen sich für ihr Spiel passende Spielpartner aus. Sie lassen sich spontan die tollsten Dinge einfallen und versinken ganz beseelt in der Vorführung ihrer selbst erfundenen Fantasiewelt. Meistens spielen sie da auch noch stolz und hemmungslos vor Publikum, denn Scham ist menschlichen Wesen nicht von der Natur gegeben, sondern wird von Vorbildern übernommen.

Besonders gerne spielen Kinder „Familie", das heißt sie übernehmen im Spiel die Rollen diverser Familienmitglieder. Alles, was sie erlebt, gesehen, gehört haben, wird wahr- und auch aufgenommen. Es wird ins Spiel mit einbezogen, wiedergegeben und so auch verstanden und verarbeitet.

Man könnte also durchaus sagen, dass Kinder von sich aus und ohne Anleitung ohnehin Theater spielen. Daran lässt sich aus pädagogischer Sicht wunderbar anknüpfen:

- Theaterpädagogik fördert spielerisch und mit viel Spaß Kreativität und Fantasie.
- Theaterspielen fördert das Selbstbewusstsein. Es stärkt das Selbstvertrauen, unterstützt die Selbstständigkeit und trainiert auch die Fähigkeit, Verantwortung zu übernehmen.
- Theaterpädagogik vermittelt Werte. Solange die Kinder sich an gewisse Spielregeln halten, können sie sich frei entfalten. Sie lernen über Freiheit und deren Grenzen.
- Theaterspielen ist sehr kommunikativ und stärkt daher auch besonders die kommunikativen Fähigkeiten sowie die soziale Kompetenz. Die Kinder können lernen, vernünftig miteinander umzugehen.
- Theaterspiel fördert und unterstützt ganz besonders die Sprachentwicklung, da die Sprache unter Einbezug aller Sinne stets im Mittelpunkt steht und sich oft auch auf ganz natürliche Weise im gemeinsamen Spiel- und Spaßgeschehen entwickelt.
- Theatermachen bedeutet selber handeln, also aktiv sein statt nur zu konsumieren.

Unsere Spielarten der Theateraktionen

Rollenspiel

Rollenspiele bilden vom Kindergarten an einen festen Bestandteil der pädagogischen Arbeit. Kein Wunder: Ab etwa drei Jahren beginnen Kinder von selber damit. Dabei entwickeln sie in ihrer Vorstellung Als-ob-Situationen, in denen sie sich wunderbar entfalten können. Aber das ist nicht alles: Sie setzen sich im Spiel mit ihrer realen Lebens- und Umwelt auseinander. Sie trainieren durch das Zusammenspiel mit Spielkameraden soziales Verhalten und entwickeln ihre sprachlichen Fähigkeiten. Der Schwerpunkt liegt dabei aber immer auf dem Spielerlebnis, nicht auf der Vorführung.

Puppenspiel

Eine Puppe stellt Dinge dar, die nur sie allein zeigen kann. Und sie folgt dem Willen des Kindes, das so auch das Gefühl von Macht erlebt. Die Puppe kann Liebe empfangen, oder Bestrafung, oder – hupps – verschwinden – und – hupps – wieder auftauchen.

Puppenspiel regt Fantasie und Kreativität gewaltig an. Wenn Kinder lernen, eine Puppe zu führen und sie zum Leben erwecken, lernen sie dabei auch zusätzlich in vielen anderen Bereichen: Einsatz von Stimme und Sprache, soziales Verhalten, Ausdauer, Konzentration.

Eine Puppe dient der Darstellung von Handlungen, Beziehungen und Gefühlen. Eindrücke aus der Lebenswelt der Kinder lassen sich kreativ nach- und auch umgestalten, und Handlungen bewerten.

Von der Idee bis zur Aufführung

Theater-Spielleitung

Wer mit Kindern Theater spielen möchte und über eigene darstellende Spielerfahrung verfügt, hat natürlich einen Vorteil. Aber das muss nicht sein. Wichtig ist, dass die Spielleitung mit Freude bei der Sache ist und ihren Enthusiasmus ungeniert weitergibt.

Wer selber Hemmungen hat, sich vor anderen auf einer Bühne zu profilieren, wirkt auch gegenüber Kindern schnell unglaubwürdig. Theateraktionen mit Kindergartenkindern stellen andere Anforderungen an die Spielleitung als die Arbeit mit Lesekindern, z. B. sollte die Herangehensweise viel eher spielerisch experimentell und weniger ergebnisorientiert sein. Die ganze Sache gestaltet sich am besten offen und spontan, also am Prozess orientiert.

Wichtig ist, dass die Spielleitung ein gutes Gefühl bekommt für das, was sich bei den Kindern im freien Spiel entwickelt und zur Weiterentwicklung einlädt. Sie sollte also einen solchen offenen Prozess steuern und eventuell Impulse setzen können. Und was eine gelungene Aufführung betrifft, sollte sie da entspannt rangehen und den Charme von Patzern nicht unterschätzen.

Auswahl der Stücke

Um eine Spielgruppe nicht zu überfordern, ist es wichtig, die Aufgabenstellung und damit verbundenen Herausforderungen altersgerecht zu servieren. Für die Kleinen eignen sich nun mal kurze einfache Stücke am besten. Bei der Auswahl können sich die Kinder durchaus beteiligen. Wenn das Angebot ihnen dabei möglichst anschaulich präsentiert wird, lässt sich vielleicht auch in einem annähernd demokratischen Verfahren gemeinsam entscheiden. Natürlich dürfen alle Geschichten auch verändert werden.

Zusammenstellung der Spielgruppe

Bei der Aufgabenverteilung bzw. -zuweisung sind Fingerspitzengefühl und Sorgfalt gefragt. Bietet die Rollenverteilung innerhalb einer Gruppe zwar einerseits die Möglichkeit, die Kinder entsprechend ihrer Fähigkeiten unterschiedlich zu fördern, birgt das aber andererseits auch die Gefahr, genau daneben zu liegen. Denn der „größte Maulheld" ist nicht immer der beste Schauspieler, und manch „Mauerblümchen" beweist auf einer Bühne plötzlich ungeahntes Talent. Auch müssen die Kinder untereinander kompatibel sein. Zwei, die sich gar nicht leiden können oder gerade einen Konflikt miteinander ausfechten, können in der Regel nicht harmonisch zusammen Theater spielen oder aber sie lernen gerade dadurch auf anderer Ebene miteinander umzugehen ...

Gestaltung der Proben

Proberituale zur Einstimmung und zum Ausklang sind absolut empfehlenswert und hilfreich, sei es, dass alle zusammen tanzen, singen, spielen etc. (siehe Seite 8 ff.). Diese Aufwärmzeit sollte möglichst etwa gleich lang sein wie die Probenzeit.

Auch zwischendrin sind Pausen zum Entspannen und Austoben wichtig, da die Konzentrationsphasen nicht zu lang sein dürfen. Wenn die Spielleitung sich um gute Stimmung bemüht und eine „Wohlfühlatmosphäre" schaffen kann, ist das stets von Vorteil.

Die Spielleitung sollte bei den Proben auch vorspielen, denn das bringt viel mehr als nur gesprochene Anweisungen. Die Kinder verstehen es einfach besser.

Außerdem ist es wichtig, dass die Spielleitung „voll dabei" ist – also Handy ausschalten usw. Die Kinder merken sofort, wenn ein Erwachsener abgelenkt ist. Wichtig soll während der Proben nur das sein, was unmittelbar damit zu tun hat.

Trotz der eigenen Beteiligung ist es gut, wenn die Spielleitung in der Lage ist, sich innerlich von den kleinen DarstellerInnen zu distanzieren. Das heißt, dass sie nicht spottet, nicht nachmacht und den Kindern auch nicht alles abnimmt.

Da eine Aufführung aus vielen verschiedenen Aufgaben besteht, ist eine möglichst gründliche Vorbereitung immer sehr zu empfehlen, nicht nur was das Spiel betrifft, sondern auch hinsichtlich des ganzen Drumherums wie Kostüme, Licht, Bühne, Requisiten etc.

Warm-up-Spiele und -Aktionen

Damit Theater- bzw. entsprechende Spielaktionen bei Kindern so gut ankommen, dass alle gerne mitmachen, sollte die Spielleitung als Vorbild vorangehen – mit ehrlicher Begeisterung, die sie den Kindern auch ganz deutlich zeigt. Die eigene Begeisterung wirkt ansteckend und motivierend, während demonstrative Lustlosigkeit Kinder ebenso abtörnt wie schlecht gespielter Enthusiasmus, der nicht wirklich vorhanden ist.
Zum Einstieg in die Materie gibt es auf den folgenden Seiten verschiedenste Spiele und Aktionen zum „Aufwärmen" und zur Förderung verschiedener fürs „Theaterspiel" wichtiger Fähigkeiten wie Ausdruckskraft, körperliche Beweglichkeit, Sprache, Bühnenpräsenz, Konzentration und Aufmerksamkeit.
Diese Spiele lassen sich nicht nur „einfach so" spielen, sondern machen auch Sinn zu Beginn einer Probestunde für ein wie auch immer geartetes Aufführungsstück.
Wie beim Sport ist auch hier eine Aufwärmphase ganz wichtig.
Den Anfang machen einige Trau-dich- bzw. Kennenlernspiele, die sozusagen als „Eisbrecher" funktionieren und auch eher schüchternen Kindern den Schritt auf die Bühne erleichtern können. Wenn ein Kind aber trotz aller Ermutigungen nicht mitmachen will, sollte die Spielleitung diesen Wunsch respektieren, denn wenn Kinder genötigt werden, sich in eine Spielsituation zu begeben, in der sie sich unwohl fühlen, führt das meist dazu, dass der Spaß für alle vorbei ist.

Trau-dich-Spiele

Zusammen auf einer Insel

Hier geht es darum, Kindern das Ankommen in der Gruppe zu erleichtern. Wer entdeckt, wie viele Dinge er mit den anderen gemeinsam hat, empfindet viel eher ein Gefühl von Nähe und Vertrautheit als Angst.

Durch das Zusammenrücken auf den kleinen „Inseln" ergibt sich auch unweigerlich ein erster Körperkontakt, der das Gefühl von Nähe begünstigt.

Alter: ab 4 Jahren
Material: Hula-Hoop-Reifen in verschiedenen Farben

Die Spielleitung verteilt mehrere Reifen als „Inseln" auf dem Boden.

Die Kinder spazieren durch den Raum. Die Spielleiterin ruft dann zum Beispiel: „Alle Kinder, die ein Haustier haben, gehen auf die blaue Insel" oder: „Alle Kinder, die Geschwister haben, gehen auf die rote Insel ..."

Lügenschippel

Bei diesem Spiel darf endlich mal ganz frech gelogen werden, bis sich die Balken biegen. Na, wer traut sich zuerst?

Alter: Vorschule

Jedes Kind überlegt sich drei kurze Informationen, mit denen es sich vorstellt. Zwei davon sind gelogen, z. B.:

- Ich trage ein ganzes Jahr lang dieselben Socken.
- Ich bin allergisch gegen Sellerie.
- Ich bin in Amerika geboren.

Die Kinder müssen nun herausfinden, was Lüge und was Wahrheit ist. Danach darf sich das nächste Kind vorstellen.

Anziehpuppe

Es gehört schon etwas Vertrauen dazu, sich auf diese Weise anziehen zu lassen, zumal das Ergebnis oft etwas seltsam aussieht.

Alter: ab 5 Jahren
Material: Klamottenkiste, Augenbinde

Ein Kind wird von einem anderen mit verbundenen Augen verkleidet.

Das tierische Tierkonzert

Eigentlich eine peinliche Angelegenheit, aber dadurch, dass die Kinder zusammen auftreten und alle sich gleich lächerlich machen, lassen sich Scheu und Hemmungen ganz gut überwinden.

Alter: ab 4 Jahren
Material: Instrumentalmusik von bekannten Kinderliedern, zum Beispiel Track 1

Die Kinder bilden Vierergruppen. Jede Gruppe denkt sich ein Tier aus, das die Kinder gesanglich darstellen möchten. Dann tritt jeder einzeln vor und präsentiert ein schrecklich falsch gesungenes Gesangssolo, z. B. in der Katzengruppe mit viel schrillem „Miau".

Bewegungsspiele

Der Ball ist heissssssss

Ein theatralisches Bewegungsspiel zur Förderung des Gemeinschafts- bzw. Zusammengehörigkeitsgefühls, bei dem es unter anderem um Kontakt und Kooperation mit den Mitspielern geht.

Alter: ab 4 Jahren
Material: Ball

Die Kinder stellen sich in einer Reihe hintereinander auf. Die Spielleitung stellt sich mit dem Ball vor die Reihe und wuppt ihn schnell von einer Hand in die andere, so als sei dieser Ball sehr, sehr heiß.

Spielleitung: „Oh, Kinder, guckt mal: Dieser Ball ist soooo heiß."

Die Spielleitung macht ganz viel „Theater" und pustet auf die Hand etc.

Spielleitung: „Uhhhh, autsch! Ich kann ihn wirklich nicht länger halten, sonst verbrenn ich mir die Finger. Deshalb gebe ich ihn jetzt der/dem .... und die/der gibt ihn ganz schnell über dem Kopf nach hinten zum nächsten usw. bis zum letzten Kind in der Reihe. Auf dem Rückweg gebt ihr den Ball dann durch die gegrätschten Beine, bis er wieder bei .... angekommen ist."

Und nicht vergessen: Der Ball ist heiß!

Gehen wie ...

Es gibt sehr viele verschiedene Arten zu gehen, und genau darum geht es beim folgenden Spiel, das die Ausdrucksfähigkeit unterstützt. Das macht auch draußen Spaß

Alter: ab 4 Jahren

Die Spielleitung gibt die Anweisungen. Die Kinder „tun so als ob".

Die Kinder gehen:

- mit schwerem Schritt
- mit leichtem Schritt
- langsam
- schnell
- und tragen dabei eine schwere Last: einen Sack auf dem Rücken; ein Paket vor dem Bauch ...
- und schieben etwas Schweres vor sich her
- und werden vom Hund an der Leine gezogen
- wie ein Sträfling mit einer Kugel am Bein
- barfuß auf heißem Sand
- auf einem zugefrorenen See
- im Klebstoff
- gegen den Wind
- als ob sie verfolgt würden.
- wie ein Astronaut (Schwerkraft)
- auf einem Seil im Gleichgewicht

Angetippt

Einzelne Körperteile mal auf ganz besondere Art bewegen!

Alter: ab 5 Jahren

Die Kinder gehen frei im Raum herum.

Jedes Kind darf ein anderes antippen, woraufhin dieses den angetippten Körperteil auf eine besondere Weise bewegen muss.

Wird zum Beispiel die Hand angetippt, könnte das Kind hektisch winken. Dabei gehen alle weiter. Wird dann von einem Kind ein anderer Körperteil angetippt, entfällt die vorherige Bewegung und wird durch eine neue ersetzt.

Witzige Variante

Die Bewegungen beim erneuten Antippen nicht stoppen, sondern die neue Bewegung zusätzlich machen. Das gibt irgendwann ein hübsches Durcheinander!

Gute-Laune-Spiele

Stell dir mal vor ...

Bei diesem Spiel geht es darum, Emotionen wahrzunehmen, zu erkennen und zu zeigen bzw. pantomimisch darzustellen.

Alter: ab 4 Jahren

Die Kinder bilden einen Kreis.

Die Spielleitung benennt nacheinander verschiedene emotionale Situationen, die die Kinder pantomimisch darstellen sollen.

Wer traut sich in die Kreismitte? Hier sollte kein Kind gezwungen werden – es darf auch im Kreis gespielt werden, entweder einzeln oder alle zusammen, zum Beispiel:

- Jemand hat dir dein Lieblingsspielzeug gemopst.
- Du bist hingefallen und hast dir das Knie aufgeschlagen.
- Deine Freundin zieht an deinen Haaren.
- Dein bester Freund spielt nicht mit dir, sondern mit jemand anderen
- Deine beste Freundin kommt überraschend zu Besuch.
- Du guckst ein tolles Buch an und jemand stört dich dabei.
- Du bist in einem riesigen Supermarkt und kannst deine Eltern nicht mehr finden.
- Du bekommst ganz unerwartet ein tolles Geschenk.
- Du liegst allein im Bett und draußen sind komische Geräusche ...

Der Bus nach Irgendwo

Noch eine nette Übung zum darstellenden Spiel, die durchaus noch ausbaufähig ist.

Alter: ab 4 Jahren

Die Kinder stellen sich hintereinander in eine Reihe.

Das erste Kind in der Reihe spielt den Busfahrer.

Der Busfahrer ruft:„Achtung Kurve!“

Alle legen sich in die Kurve, erst in die eine, dann in die andere Richtung.

Der Busfahrer ruft: „Achtung Schotterstraße“.

Alle halten sich an den Schultern des Vorderkindes fest und hoppeln auf und ab.

Wenn der Busfahrer „Hup-Hup“ macht, ist der Bus endlich in „Irgendwo“ angekommen.

Jetzt steigen alle Kinder aus und zeigen pantomimisch, was sie dort so machen, z.B. schwimmen gehen, turnen, Eis essen, etc. Dabei bewegen sie sich im Raum.

Wenn der „Busfahrer“ wieder „Hup-Hup“ macht, steigen alle wieder in den Bus ein.

Die komische Hunderunde

Ein urkomisches Spiel – durch die vertauschten Rollen.

Alter: ab 4 Jahren
Material: 1 Seil je Spielpaar

Die Kinder bilden Spielpaare.

Eines spielt den Hund, das andere Herrchen oder Frauchen.

Das „Hundi“ wird an die Leine genommen, allerdings nicht am Hals, sondern um den Brustkorb herum. Frauchen oder Herrchen hält also zwei Seilenden in den Händen. Los geht die fröhliche Gassirunde. Der Hund läuft erst mal ganz brav auf allen Vieren mit. Aber dann fängt er an zu ziehen, läuft mal schneller oder langsamer als das Herrchen sagt. Das Hundchen schnüffelt auch herum oder hebt sogar ein Bein ... Und plötzlich setzt sich das Hundchen hin und mag nicht weiter gehen. Nun muss Herrchen sich etwas einfallen lassen. Vielleicht hilft ja ein Leckerli?

Sprachspiele

Blödelsprache

Eine Aktion mit Nonsenstext als sprachliche Lockerungsübung. Kinder lieben Fantasie- bzw. Blödelsprachen und entwickeln eine erstaunliche Kreativität im Erfinden von neuen Sprachkreationen.

Alter: ab 4 Jahren

Die Kinder sitzen oder stehen im Kreis.

Die Spielleitung (oder im späteren Verlauf auch ein Kind, das gerne die Initiative ergreifen möchte) macht dann verschiedene Vorgaben.

Stellt euch vor, ihr sprecht:

- wie eine Comic-Figur (z. B. ein Teletubbie)
- wie ein Marsmännchen
- wie Elefanten, die durch die Nase sprechen (Nase zuhalten)
- in einer Blubbersprache unter Wasser
- in einer Fremdsprache, die ihr selbst nicht kennt
- in einer Vogelsprache usw.

Wort für Wort

Eine super Vorübung für Rollenspiele, bei der es darum geht, eine Geschichte quasi „Wort für Wort" zu erfinden.

Alter: ab 5 Jahren

Die Kinder setzen sich im Kreis hin. Ein Kind beginnt mit der Geschichte und sagt das erste Wort. Danach kommt das nächste dran usw.

Zum Beispiel:

Kind 1: *Ein*
Kind 2: *kleines*
Kind 3: *Vögelchen*
Kind 4: *saß*
Kind 5: *ganz*
Kind 6: *alleine*
Kind 1: *im*
Kind 2: *Nest.*
Kind 3: *Plötzlich*
Kind 4: *kam ...*

Muntere Mund-Turnerei

Eine Forschungsreise mit Gymnastik zur Förderung des Bewusstseins für das Sprechwerkzeug. Denn für Sprechtexte und auch für die Erzeugung von nonverbalen Tönen ist es wichtig, die Stimme als Medium quasi „bühnenreif" nutzen zu können.

Alter: ab 3 Jahren

Unter Anleitung der Spielleitung erforschen die Kinder mit der Zunge den geheimnisvollen Innenraum ihres Mundes: die Zähne, den Gaumen, den Bereich vorne unter der Zunge, die Backen und schließlich auch die Lippen und das Lippenbändchen.

Vielleicht kann ja auch ein Kind

- die Zunge einrollen
- die Backen fett aufblasen wie ein Hamster,
- die Zähne fletschen wie ein wütender Hund,
- die Lippen einziehen,
- einen Kussmund machen,
- eine Schnute machen,
- breit grinsen mit geschlossenen Lippen?

Und wer kann die Backen einziehen und dann noch die Lippen bewegen?

Willkommen in der Kita

Begrüßung der Neuankömmlinge mit ganz viel Theater

Für Kinder wie Eltern ist der Eintritt in den Kindergarten ein einmaliges Ereignis, das wohl lebenslang im Gedächtnis bleibt. Es zählt zu den so genannten „Lebensereignissen."
Neben Eheschließung, Geburt usw. gehören dazu auch Übergänge im Bildungswesen, wie hier der Wechsel von zu Hause oder von der Krippe in den Kindergarten. Die erfolgreiche Bewältigung eines solchen Überganges stärkt nicht nur die Kompetenzen der Beteiligten, sondern erleichtert ihnen mit großer Wahrscheinlichkeit auch die Bewältigung weiterer Anforderungen in diesem Bereich.
Der Beginn eines neuen wichtigen Lebensabschnittes wird in einer Gesellschaft oft von dort üblichen Ritualen begleitet. Das gilt auch für den Eintritt in die Kita, denn jedes Jahr „landet" dort wieder eine Anzahl „Neulinge".
Damit alle Beteiligten den Anfang dieses neuen Lebensabschnittes mit etwas Positivem verbinden, bietet es sich an, diesen wichtigen Schritt im Leben mit entsprechend „viel Theater" und Spaß festlich zu begehen, und so dafür zu sorgen, dass er zu einem unvergesslichen Erlebnis wird.
Zu diesem Zweck gibt es auf den folgenden Seiten Vorschläge für ein buntes Programm mit Lied-, Musik- und Theaterelementen, das alle Kinder einbezieht. Es kann auf der „großen Bühne" vor viel Publikum ebenso aufgeführt werden wie im kleineren Rahmen – und etwas reduziert sogar im Spielkreis in der Einrichtung.

Herzlich Willkommen

Die neuen Kinder werden mit einem einfachen Lied herzlich begrüßt. So spüren sie, dass sie willkommen sind.

Alter: ab 3 Jahren

Kostüme und Requisiten

Kostüm für den Kitakasper

Zipfelmütze, roter Poncho

Eine kunterbunte Kindergarten-Bande

Jedes Kind gestaltet als Beitrag zur Bühnendekoration eine (oder mehrere) ganz eigene „Kinderkette". Neben dem dekorativen Aspekt steht hier die Förderung von Kreativität und Feinmotorik im Vordergrund.

Alter: ab 4 Jahren
Material: Malblöcke, Schere, Buntstifte, Filzstifte, beides auch in allen möglichen Haut-, Augen- und Haarfarben, Plätzchen-Ausstechform Herz, Doppelklebeband, Schnur

Ein Papierblatt quer legen und wie eine Ziehharmonika in vier Teile falten.

Damit die Knicklinien sichtbar werden, zuerst in der Mitte falten und dann noch mal.

Auf das oben liegende Blatt malen die Kinder eine ganz einfache und stilisierte menschliche Figur mit ausgebreiteten Armen auf.

Sie schneiden mit der Schere den Umriss der Gestalt aus – und zwar durch alle vier Papierschichten. Achtung! Die Arme müssen jeweils durch die Papierfalte verbunden bleiben. Nun überlegen alle zusammen, wie sie ihre Puppen anmalen wollen. Sind die Puppen angemalt, zeichnen die Kinder mit Hilfe des Förmchens je Kette noch ein Herz auf Papier. Das malen sie rot an und schneiden es aus. Mit einem Stück Doppelklebeband wird das Herz an einem Ende der Viererkette an die Hand aufgeklebt und mit der Hand einer anderen Puppenkette verbunden. Die Ketten so lang machen, dass sie als Deko kreuz und quer hängen können. Dazu dann die „Enden" durchbohren, Schnur durchziehen, festknoten und z.B. an Haken befestigen.

Bevor es losgeht

Falls keine Bühne mit Vorhang zur Verfügung steht, den Bühnenbereich entweder mit Stellwänden oder Paravents abtrennen.

Den Bühnenbereich mit den „Kinderketten" dekorieren.

Das Lied „Willkommen in der Kita" mit den Theaterkindern gründlich einüben.

„Na-men klat-schen" mit den Namen der Neulinge üben. Silben klatschen macht nicht nur Spaß, es fördert auch Rhythmus- und Sprachgefühl.

Die Spielleitung sagt jeden Vornamen an und alle klatschen ihn dann zusammen in Silben.

Ein Kind auswählen, das den „Kitakasper" spielen möchte. Es gibt ja meist in jeder Gruppe sehr extrovertierte Charaktere als Idealbesetzung.

Den gesamten Ablauf ein paar Mal durchspielen.

Die Aufführung

Der Beginn der Aufführung ist ganz einfach gestaltet. Dazu wird ein Willkommens-Text mit der Melodie des Liedchens „Alle meine Entchen" verbunden. Der „neue" Liedtext ist mit zahlreichen Wiederholungen so gestrickt, dass es selbst für Kinder mit Migrationshintergrund leicht ist, ihn sich zu merken. Zu Beginn der Aufführung bilden die Kinder einen Halbkreis auf der Bühne. Der Kitakasper positioniert sich in der Mitte, die Spielleitung an der Seite. Die Neulinge bleiben am Anfang, während das Lied gesungen wird, im Zuschauerbereich und werden danach einzeln auf die Bühne „geklatscht" und persönlich begrüßt.

Willkommen in der Kita

Text: S. Steffe
Melodie: traditionell „Alle meine Entchen"
CD: Track 1

Willkommen in der Kita
Endlich seid ihr da
Endlich seid ihr da
Hallo und willkommen
Endlich seid ihr da!
Während der 1. Strophe winken die Kinder dem Publikum und den „Neuen" zu.
Willkommen in der Kita
Wir freuen uns ja so
Wir freuen uns ja so
Hallo und willkommen
Wir freuen uns ja so!
Während der 2. Strophe hopsen die Kinder und werfen die Arme hoch.
Willkommen in der Kita
Wir sagen euch Hallo
Wir sagen euch Hallo
Hallo und willkommen
Wir sagen euch Hallo!
Während der 3. Strophe winken die Kinder dem Publikum und den „Neuen" zu.

Die Kinder „klatschen" den ersten Namen, z. B. Katharina, dazu skandieren sie: *„Will-kom-men Ka-tha-ri-na"*.

Daraufhin geht Katharina auf die Bühne (schüchterne Kinder werden dorthin begleitet).

Der Kitakasper tritt vor und macht eine übertriebene Begrüßungsgeste: Er zieht die Mütze und verbeugt sich ganz tief.

„Applaus, Applaus" – alle Kinder beklatschen Katharina.

Der Kitakasper fordert das Publikum lautstark auf zu klatschen.

Katharina gesellt sich zur Gruppe und macht beim nächsten Silbenklatschen mit.

Weiter geht's mit dem zweiten Kind, z. B. Emil usw.

Wir wollen uns begrüßen – und das geht jetzt so

Die Kita-Kinder und die Neulinge begrüßen sich gegenseitig mit rhythmischem Sprechgesang und lustigen pantomimischen Begrüßungsgesten. Dazu gibt es hier einige Vorschläge, die sich durch eigene Kreationen ergänzen oder abwandeln lassen.

Idealerweise bilden die Kinder Zweierpaare, bestehend aus jeweils einem „Neuling" und einem Kind, das schon länger in der Kita ist.

Aufstellung gegenüber in zwei Kreisen, die Neulinge im Außenkreis.

Leider ist diese Idealzusammensetzung aber nicht immer gegeben, dann müssen die Kinder anders aufgeteilt werden, z. B. „übernimmt" ein „Stammkind" zwei oder drei „Neulinge" – oder umgekehrt.

Alter: ab 3 Jahren

Die Aufführung

Wir wollen uns begrüßen

Text: S. Steffe

Wir wollen uns begrüßen
Mit Händen und mit Füßen
Mit Armen und mit Beinen
Halli, Halli, Hallo
Und das geht jetzt so:
Die Hände überaus lange schütteln und sich verbeugen
Wir wollen uns begrüßen
Mit Händen und mit Füßen
Mit Armen und mit Beinen
Halli, Halli, Hallo
Und das geht jetzt so:

Die Nasen aneinander reiben,
High-Five, Popo zusammen (wie beim Ententanz) und hin und her wackeln,
Arme einhaken und drei Mal im Kreis herum hüpfen,
in die Hocke, die Hände auf die Knie legen und sich verbeugen,
angedeuteter Wangenkuss mit ganz lautem Geschmatze

Was wir hier so machen – lauter coole Sachen

Nun zeigen die Kinder pantomimisch, was sie im Kindergarten für tolle Sachen machen.

Dabei kommt immer wieder der Kita-Kasper ins Spiel und verursacht Durcheinander.

Die Kinder stellen sich im Halbkreis auf und skandieren den einfachen Text. Größere Kinder können begleitend auch rhythmisch klatschen, und am besten klatscht das Publikum gleich mit. Auf die Zeilen folgen dann mit Ansage die entsprechenden pantomimischen Bewegungen – so synchron wie eben möglich, damit es gut aussieht.

Alter: ab 4 Jahren

Die Aufführung

Spielleitung: *In der Kita ___________ (Name einsetzen) da haben wir viel Spaß! Und was wir hier so machen? Lauter coole Sachen – das zeigen wir euch jetzt!*
Alle: *Wir malen.*
große Kreise in die Luft malen
Alle: *Wir machen Ausflüge.*
Paare mit Handfassung bilden und auf der Stelle marschieren. Der Kitakasper tanzt aus der Reihe, hopst vor den anderen herum.
Kita-Kasper: *Und wir machen auch Quatsch! Gaanz viel Quatsch. Quietschquatsch Quatsch …"*
Ein Kind zieht ihn zurück in den Halbkreis.
Alle: *Wir essen zusammen!*
pantomimisch essen und schmatzen
Alle: *Wir trinken zusammen!*
pantomimisch trinken und sehr laut schlürfen
Alle: *Und wir wachsen …*
in die Hocke gehen, aufstehen und die Arme nach oben strecken
Der Kitakasper tanzt aus der Reihe, hopst vor den anderen herum.
Kita-Kasper: *Und wir machen auch Quatsch! Gaanz viel Quatsch. Quietschquatsch Quatsch …*
Ein Kind zieht ihn zurück in den Halbkreis.
Alle: *Wir spielen zusammen!*
Bevor die Gruppe eine Bewegung machen kann, tanzt der Kitakasper wieder aus der Reihe, hopst vor den anderen herum und macht Boxbewegungen in der Luft.
Kita-Kasper: *Und wir machen Quatsch! Gaanz viel Quatsch. Quietschquatsch Quatsch …*
Ein Kind zieht ihn zurück in den Halbkreis.
Alle: *Wir machen Musik!*
Trommelbewegung
Alle: *Wir basteln!*
Schnipp-Schnapp-Bewegung mit Zeige-und Mittelfingern
Alle: *Und wir wachsen!*
in die Hocke gehen, aufstehen und die Arme nach oben strecken
Der Kitakasper tanzt aus der Reihe, hopst vor den anderen herum und winkt:
Kita-Kasper: *Und dann aus die Maus! Alle gehen wieder nach Haus! Tschüss-tschüss, ciao, ciao!*
Alle hopsen.
Alle: *Tschüss, tschühüss!*
Alle verlassen fröhlich winkend die Bühne, während das Publikum (hoffentlich) begeistert Beifall klatscht.

Morgenkreistheater

Mit Sang & Klang in den Tag

Der Morgenkreis gehört wohl zu den beliebtesten Ritualen in betreuenden Einrichtungen. Die Kinder machen dabei meist ihre ersten Rhythmus- und Klangerfahrungen durch ein Angebot an Rhythmusspielen, Liedern und Mitmachversen zur Förderung der motorischen und rhythmischen Entwicklung. Außerdem wirkt der Morgenkreis sich auch positiv auf das Gemeinschaftsgefühl aus.

Melodie und Rhythmus bilden auch die Voraussetzungen für Kommunikation und Sprache. Und eine gesunde Sprachentwicklung ist notwendige Basis für die Formen des Theaterspiels, welche mit Worten funktionieren.

Das folgende Kapitel erweitert die oben genannten Bausteine eines üblichen Morgenkreises durch Elemente des darstellenden Spiels. Einige dieser Angebote lassen sich auch bei einer Veranstaltung auf der Bühne vorführen, aber an erster Stelle steht hier die Ausführung im gewohnten Rahmen, so dass die Kinder ganz entspannt ein wenig Theaterluft schnuppern können. Es gibt Spiele zur Begrüßung, mit Gesang, verschiedene rhythmisch musikalische Darstellungsaktionen und zwei extra Spiellieder für die Kleinsten.

Begrüßung in allen Sprachen

Die Begrüßung im Morgenkreis führt dazu, dass die Kinder sich willkommen und auch geborgen fühlen. Hier probieren sie zur Musik passende Begrüßungsformen aus verschiedenen Ecken der Welt aus.

Alter: ab 3 Jahren

Die Aufführung

One World Begrüßung

Melodie: H. Höfele
CD: Track 2

1. bayrische Musik: „Hallo" alle patschen auf die Oberschenkel und winken sich gegenseitig zu
2. Rap-Musik: „Hello" und High-Five (Gib die Fünf) mit dem Kreisnachbarn
3. Samba-Musik: „Hola" und Handkuss in die Luft (vielleicht mit Hüftschwung?)
4. indische Musik: „Namasté" und alle verbeugen sich mit gefalteten Händen
5. japanische Musik: „Kon-ni-chi-wah" die Kinder gehen in die Hocke, legen die Hände auf die Knie und verbeugen sich
6. orientalische Musik: „Salam" und mit der rechten Hand von der Stirn bis zum Bauchnabel streichen
7. afrikanische Musik: „Jambo" und rhythmisch in die Hände klatschen
8. Space-Musik: Gruß der Marsmännchen: „Gütün Mürgün" und Arme hoch und winken

La le li lo la

Die etwas andere Begrüßung im Morgenkreis: hübsch gereimter spachlicher sowie sprachförderlicher Unsinn mit Vokalen und Spielgesten. Der Spruch wird im Sprechgesang skandiert.

Alter: ab 3 Jahren

Die Aufführung

Lalelilola
Der Jannis (die Leni) ist schon da
Zeigegeste auf Jannis (Leni)
Lalelilolo
Das macht uns alle froh
mehrmals nicken
Lalelilole
Wir lachen – he, he, he
lachen
Lalelilolo
Und singen tirili
tirili singen
Lalelilolu
Jetzt ist wieder Ruh
Finger auf den Mund

Heiterer A-E-I-O-U-Morgenkreisgesang

Sprach- und ausdrucksförderliches Absingen von Vokalen

Alter: ab 4 Jahren

Die Aufführung

Die Spielleitung stellt sich mit in den Kreis und eröffnet das Spiel, indem sie den Vokal A singt. Dann wird dieser Vokal im Uhrzeigersinn von Kind zu Kind weitergegeben, bis er wieder bei der Spielleitung gelandet ist. Weiter geht es mit E, I, O, U.

Zur Erweiterung wird in der nächsten Spielrunde der gesungene Vokal mit einer Bewegung verbunden und ebenfalls weitergegeben.

Guckt mal, was ich kann

Angeben im Morgenkreis – eine Kunst, die richtig Spaß macht. Der Körper dient als Instrument – und es wird rhythmisch geklatscht, gepatscht, gestampft, geschnipst usw.

Alter: ab 4 Jahren

Die Aufführung

Die Kinder denken sich der Reihe nach aus, was die anderen dann mitmachen.

Und einen Spruch dazu gibt es auch.

Kind 1: *Guckt mal, was ich kann. Ich klatsche 1-2-3 – ich klatsche 1-2-3!*
Spielleitung: *Guckt mal was er/sie (oder Namen nennen) kann. Und jetzt fangt alle an!*
Alle: *Wir klatschen 1-2-3 – wir klatschen 1-2-3!*
Spielleitung: *Der/die nächste ist dran.*
Kind 2: *Guckt mal, was ich kann! Ich stampfe 1 – und 2 – ich stampfe 1 – und 2!*
Spielleitung: *Guckt mal was er/sie kann. Und jetzt fangt alle an!*
Alle: *Wir stampfen 1 – und 2 – wir stampfen 1 – und 2!*
Spielleitung: *Der nächste ist dran.*

Mausezahn und Krötenbein

Ein rhythmisch-musikalisches Darstellungsspiel nach dem Motto: Wir wären jetzt mal in unserer Fantasie …

Alter: ab 3 Jahren
Material: Trommel oder Tambourin, Zauberumhang und spitzer Hut aus dem Fundus (als Umhang kann auch ein zauberhaft gemustertes Tuch Verwendung finden!)

Die Aufführung

Ein Kind verwandelt sich in den Zauberer Zwuckelmann (oder die Zauberin Zwuckelfrau) und geht mit der Trommel in die Kreismitte.

Mit dem Zauberspruch: „Mausezahn und Krötenbein, ihr sollt jetzt alle Laubfrösche sein", verwandelt der Zauberer die Kinder z. B. in Frösche, die zum Klang der Trommel im Kreis herum hüpfen müssen. Oder in Zirkuspferde, die rund um die Manege galoppieren, oder in staksige Störche oder vielleicht auch mal in was ganz anderes, z. B. in wabbeligen Pudding oder in Nudelsuppe?

In die Kita, in die Kita, in die Kita gehen wir

Die Kinder zeigen zum rhythmischen Sprechgesang, was sie im Kindergarten so alles machen.

Alter: ab 4 Jahren

Die Aufführung

Was machen wir,
Was machen wir,
Was machen wir denn hier?
In der Kita malen wir
pantomimisch malen
In der Kita basteln wir
pantomimisch Schnipp-schnapp-Schere
Und wir singen tralalalalala
tralalalalala singen
Wir machen Musik tagdamtata
auf den Boden trommeln
In der Kita essen wir
kauen
In der Kita trinken wir
schluck, schluck
Unsre Hände waschen wir
pantomimisch Hände waschen
Und die Zähne putzen wir
pantomimisch Zähne putzen
In der Kita gehn wir – oh , oh, oh
rumzappeln als müsste man mal dringend
Wir geh'n auch mal auf's Klo
(wer zeigt wie?)
Und wir singen tralalalalala
tralalalalala
Wir machen Musik tagdamtata
auf den Boden trommeln

Löffelchen-Lied

Ein Mitmachlied für die Kleinsten, das besonders viel Spaß macht, wenn jedes Kind eine Kochlöffelpuppe hat (siehe Anleitung Seite 23). Es geht aber auch mit einem normalen Kochlöffel.

Alter: ab 2 Jahren
Material: Kochlöffel. Schneebesen, Kuchenrost

Die Aufführung

Löffelchen, komm spiel mit mir

Text: S. Steffe
Melodie: trad. „Brüderchen komm tanz' mit mir"
CD: Track 3

Löffelchen, komm spiel mit mir,
Löffel hoch heben
du machst jetzt Musik mit mir.
Klopf, klopf, klopf,
klopf, klopf, klopf,
so klopfe ich auf den Topf.
mit dem Kochlöffel klopfen
Schneebesen, komm spiel mit mir,
Schneebesen hochheben

du machst jetzt Musik mit mir.
Schrumm, schrumm, schrumm,
schrumm, schrumm, schrumm,
rühre ich im Topf herum.
rühren
Kuchenrost, komm spiel mit mir,
Kuchenrost hochheben
du machst jetzt Musik mit mir.
Schrapp, schrapp, schrapp,
schrapp, schrapp, schrapp,
auf dem Rost herauf, herab.
den Kochlöffel oder Schneebesen auf dem Rost auf und ab bewegen

Formel 1 in der Morgenkreis-Arena

Dieses Singspiel macht kleinen Kindern viel Freude, denn die meisten lieben es ja, „Autofahren“ zu spielen.

Alter: Ab 2 Jahren
Material: 1 kleinerer Wurfring oder sonstiger Lenkradersatz

Die Aufführung

Die Kinder stehen oder sitzen im Morgenkreis.

Eines spielt den ersten Autofahrer und geht mit dem „Lenkrad“ entweder in den Kreis, oder nach außen. Während die anderen Kinder das folgende Lied singen, düst unser „Autofahrer“ im Kreis herum und macht zum Lied passende Bewegungen. Der Text ist auf die Melodie von „Brumm, brumm, brumm, Bienchen summ herum“ gedichtet, wobei die ersten beiden Liedzeilen hier viermal wiederholt werden.

Brumm, brumm, brumm, der Rennwagen fährt rum

Text: S. Steffe
Melodie: trad. „Summ, summ, summ, Bienchen summ herum“

Brumm, brumm, brumm,
der Rennwagen fährt rum.
Brumm, Brumm, Brumm,
saust um die Kurve rum.
Brumm, brumm, brumm,
die Straße, die ist krumm.
Brumm, brumm, brumm,
Das Auto hoppelt rum.
Schnell nochmal am Lenkrad drehen
Und dann bleibt das Auto stehen.
Das Kind, vor dem das „Auto“ stehen bleibt, ist der neue Autofahrer!

Herbstzeit ist Erntezeit

Erntedankfest mit Kochlöffeltheater & Erntesuppen-Show

Im Herbst wird in vielen Kindergärten das Erntedankfest gefeiert. Nicht nur in konfessionellen Einrichtungen wird die Tradition gepflegt, gemeinsam mit den Kindern all die guten Gaben, mit der die Natur uns beschenkt, zu würdigen. Gerade in der heutigen Wegwerfgesellschaft ist es wichtig, Kindern ein Gefühl dafür zu vermitteln, dass wir der Natur zu Dank verpflichtet sind dafür, dass uns Nahrung im Überfluss zur Verfügung steht. Sie sollten wissen, dass das nicht überall so ist, und wo das Essen herkommt.

Neben diesem ernsten und auch religiösen Aspekt stehen beim Erntedankfest große Freude, Spaß und Fröhlichkeit im Mittelpunkt. Dazu gehören auch Aufführungen, für die auf den folgenden Seiten thematisch passende Vorschläge zu finden sind. Da singt zum Beispiel ein rühriger Kochlöffeltrupp aus ganz einfachen selbst gebastelten Puppen ein komisches Erntedanklied, es gibt eine großartige Erntesuppen-Show, das Märchenspiel von der Rübe steht auf dem Programm, und den Abschluss macht ein herbstliches Klapperlied, das von den Kleinen wunderbar vor Publikum präsentiert werden kann.

Kochlöffeltheater

Ein Kochlöffeltheater ist in jedem Kindergarten ganz einfach umzusetzen – auch für die Kleineren. Zuerst wird gebastelt, dann das Lied gelernt.

Die Melodie für den ganz einfachen selbst gedichteten Text stammt von einem sehr beliebten, traditionellen Lied in englischer Sprache, das sicher auch hierzulande viele Leute kennen: „If you're happy and you know it".

Durch den hohen Aufforderungscharakter werden alle animiert mitzumachen, egal ob Mitwirkende oder Publikum, sowohl in der Kita als auch bei einer Aufführung.

Alter: ab 4 Jahren

Requisiten

Die lustige Kochlöffel-Truppe

Mit Kochlöffeln und anderen Geräten aus der Küchenschublade, die einen Stiel haben, kann man wunderbar Theater spielen. Sie lassen sich bestens in Rollenspiele integrieren und sind auch ansonsten ganz rührige Spielkameraden.

Alter: ab 4 Jahren
Material: 3 hölzerne Kochlöffel, 1 Rührbesen, Plakatfarben, Pinsel, Klebstoff, Wackelaugen, Pfeifenreiniger, Stoffreste, Wollreste, Papierreste

Kochlöffel anmalen und trocknen lassen. Der Löffel dient als Kopf und kann nach Lust und Laune gestaltet werden. Pfeifenputzer geben zum Beispiel tolle Frisuren, auch für den Rührbesen. Als Augen können die Kinder Wackelaugen aufkleben oder sie basteln Augen aus Papier.

Bühne

Ideal wäre ein Kasperletheater. Ein Tisch mit großer einfarbiger Tischdecke, hinter der die Kinder sich verstecken können, erfüllt aber auch seinen Zweck. Oder es wird eine einfarbige blickdichte Decke am Türrahmen befestigt.

Die Aufführung

Wir sind dankbar für die Ernte

Text: S. Steffe
Melodie: traditionell „If you're happy and you know it"
CD: Track 4

Während die Puppenspieler singen, lassen sie ihre Puppen von einer Seite auf die andere schunkeln – und das Publikum macht auf Aufforderung der Truppe ebenfalls mit.

Löffel: *Wir sind dankbar für die Ernte,*
vielen Dank!
Wir sind dankbar für die Ernte,
vielen Dank!
Alle klatschen in die Hände!
Publikum klatscht mit.
Alle: *Alle klatschen in die Hände!*
Wir sind dankbar für die Ernte,
vielen Dank!
Der Rührbesen dreht sich rundherum:
Rührbesen (ruft)***:*** *Hach, ist das rüüüührend!*
Löffel: *Wir sind dankbar fürs Gemüse,*
vielen Dank!
Wir sind dankbar fürs Gemüse,
vielen Dank!
Alle stampfen mit den Füßen!
Publikum stampft mit den Füßen.
Löffel: *Wir sind dankbar fürs Gemüse,*
vielen Dank!
Der Rührbesen dreht sich rundherum.
Rührbesen (ruft)***:*** *Hach, ist das rüüüührend!*
Löffel: *Wir sind dankbar für die Zwiebel, vielen Dank! ...*

Einer der Löffel unterbricht.
Löffel **(ruft)*:*** *Echt jetzt?*
Löffel 1 schüttelt den Kopf, indem der Spieler den Löffel hin und her dreht.
Löffel 1 **(ruft)*:*** *Nö, nö – nö.*
Löffel 2 schubst Löffel 1 weg.
Löffel 2 **(ruft)*:*** *Pssstsst, still sein.*
Alle außer Löffel 1 singen weiter, während Löffel 1 weiter den Kopf schüttelt.
Löffel: *Wir sind dankbar für die Zwiebel, vielen Dank!*
Löffel 1 **(schreit dazwischen)*:*** *Oh nee!*
Die anderen singen weiter:
Löffel: *Und bringt sie uns auch zum Weinen.*
Alle Löffel schluchzen und singen dann weiter.
Löffel: *Wir sind dankbar für die Zwiebel, vielen Dank!*
Der Rührbesen dreht sich rundherum und schnieft.
Rührbesen **(ruft)*:*** *Hach, das ist ja rührend. Zum Heulen rührend ist das ja!*
Löffel: *Wir sind dankbar für die Früchte,*
vielen Dank!
Wir sind dankbar für die Früchte,
vielen Dank!
Und wir nicken mit den Köpfen.
Publikum nickt mit den Köpfen.
Alle: *Und wir nicken mit den Köpfen! Wir sind dankbar für die Früchte, vielen Dank!*
Alle Puppen tanzen fröhlich auf und ab. Der Rührbesen dreht sich – und schwupps verschwinden sie nach unten von der Bühne.

Die großartige Erntesuppen-Show

Das folgende Spielstück ist angelehnt an die vielen Kochshows, die aktuell das Fernsehpublikum erfreuen. In der folgenden für Kita-Kinder aufbereiteten Version geht es darum, dass der Chefkoch bewertet, wer von den Kandidaten die leckerste Suppe für das Erntedankfest zubereitet hat. Mit von der Partie sind auch ein Butler sowie ein Hund, über den er immer wieder stolpert.

Alter: ab 5 Jahren

Kostüme und Requisiten

Kostüme für die Mitwirkenden

Chefkoch : weißes T-Shirt, Kochmütze.
3 Kochkandidaten: Küchenschürzen
Butler James: schwarze Hose, weißes T-Shirt, schwarzer Schlips, weiße Serviette über dem Arm

Requisiten

Tisch, Beistelltisch (kann auch eine Bank sein), 3 Stühle, Tischdecke, 3 Suppenteller, 3 Suppenlöffel, 1 Kartoffel, ein kleiner Kürbis, 1 Zwiebel, Schöpflöffel, 4 Kochtöpfe, Stoffhund

Bevor es losgeht

Dieses Spielstück lässt sich überall aufführen, wo die Schaffung eines Bühnenbereichs möglich ist, den das Publikum gut einsehen kann. Wichtig ist ein stabiler Untergrund, auf dem Tisch und Stühle nicht herumwackeln.

Der Tisch kommt in die Mitte der Bühne und wird mit Tischdecke, Suppentellern und -löffeln gedeckt. Die drei Stühle so platzieren, dass kein Kandidat dem Publikum den Rücken zudreht. An die Seite in ein paar Schritten Entfernung kommt der Beistelltisch. Darauf stehen vier Kochtöpfe. Daneben liegen Schöpflöffel, Zwiebel, Kürbis und Kartoffel.

Auf der kleinen Strecke zwischen Beistelltisch und Tisch den Stoffhund so hinlegen, dass er als Stolperfalle für den Butler funktioniert.

Die Aufführung

Die „Kandidaten" sitzen am gedeckten Tisch.
Der Chefkoch betritt die Bühne von der einen Seite.
Koch: *Liebes Publikum, herzlich willkommen zur großen Viersterne-Ernte-Suppen-Show!*
Butler James betritt die Bühne von der anderen Seite.
Der Chefkoch zeigt auf den Butler.
Koch: *Unser Butler James ist natürlich auch mit dabei. Keiner serviert eine Suppe so wie er.*
Butler James macht eine kleine Verbeugung und stellt sich an den Beistelltisch.
Koch: *Und nun zu unseren lieben Kandidaten und Kandidatinnen, bitte stellt euch vor.*
Die Genannten heben bei ihrer Vorstellung den Löffel zum Gruß.
Anna: *Hallo! Ich bin die Anna mit der schlürfigen Kürbissuppe.*
Butler James nimmt den Kürbis vom Beistelltisch. Auf dem Weg zum Tisch stolpert er über den Stoffhund. Er guckt böse und legt dann den Kürbis mit einer kleinen Verbeugung vor Annas Teller. Auf dem Rückweg stolpert er wieder über den Hund.
Dieter: *Ich bin der Dieter mit der schlonzigen Kartoffelsuppe.*
Butler James nimmt die Kartoffel vom Beistelltisch. Auf dem Weg zum Tisch stolpert er über den Stoffhund. Er guckt böse und legt dann die Kartoffel mit einer kleinen Verbeugung vor Dieters Teller. Auf dem Rückweg stolpert er wieder über den Hund.
Emma: *Ja, und die Emma mit der pupsigen Zwiebelsuppe, die bin ich.*
Butler James nimmt die Zwiebel vom Beistelltisch. Auf dem Weg zum Tisch stolpert er über den Stoffhund. Er guckt böse und legt dann die Zwiebel mit einer kleinen Verbeugung vor Emmas Teller. Auf dem Rückweg stolpert er wieder über den Hund.
Koch: *Danke! Und jetzt geht's los! Das wird spannend! Wer hat wohl die leckerste Suppe zubereitet?*
Alle zeigen auf sich selber, indem sie sich mit dem Zeigefinger auf die Brust tippen.
Koch: *James, bitte serviere die Suppen*
Butler James verbeugt sich und startet mit dem ersten Kochtopf und der Schöpfkelle. Auf dem Weg zu Anna stolpert er über den Hund. Er „füllt" den Teller mit der Schöpfkelle und geht zurück zum Beistelltisch. Dabei macht er einen Bogen um den Hund.
Das gleiche geschieht noch zwei Mal. Dann läuft der Chefkoch um den Tisch und probiert mit dem Löffel des jeweiligen Kandidaten alle Suppen mit viel Geschmatze und Geräusch.
Koch: *Nun ja ...*
Alle: *Herr Vierstern! Jetzt sagen Sie doch was. Welche Suppe ist die beste?*
Koch: *Keine Ahnung. Die schmecken alle – mhmm – sehr, sehr gut!*
Der Chefkoch rennt um den Tisch herum, hebt einen Teller nach dem anderen hoch und schlürft nochmal ein Löffelchen.
Alle: *Boahh. Und jetzt?*
Koch: *James, bring einen Kochtopf!*
James bringt den Kochtopf und stolpert über den Hund.
Der Chefkoch nimmt den Kochtopf und schüttet den „Inhalt" der Suppenteller rein.
Koch: *Ja, meine lieben Kandidatinnen und Kandidaten, jetzt habt ihr alle drei den Wettbewerb gewonnen, denn hier haben wir nun die beste Erntesuppe der Welt. Also dann: Guten Appetit – und Applaus, Applaus ...*
Das Publikum klatscht.
Der Chefkoch winkt, alle stehen auf, heben ihren Löffel hoch und winken auch.
Butler James stolpert auf dem Weg zum Tisch über den Hund, hebt ihn kurzerhand hoch und verlässt ebenfalls winkend mit den anderen die Bühne.

Das Märchen von der Rübe

Das russische Märchen von der Rübe eignet sich hervorragend für eine Aufführung.

Zum einen ist es ganz einfach gestrickt, zum anderen fast wie ein Tanz aufgebaut, in den sich jeder mit Vergnügen einreiht. Alle Mitwirkenden samt dem Publikum ziehen im Geiste an der verflixten Rübe mit.

In der folgenden Version treten sechs Kinder auf, aber die Vorlage lässt sich leicht abwandeln, wenn mehr Kinder auftreten sollen. Dann werden den sechs Rübenziehern einfach noch ein paar Kinder oder Enkelkinder hinzugefügt.

Alter: ab 3 Jahren

Kostüme und Requisiten

Kostüme für die Mitwirkenden

Opa: Mütze, Gummistiefel
Oma: Rock, Kopftuch, Gummistiefel
Anna: beliebige Kleidung
Hund: braune Kleidung, Maske
Katze: schwarze Kleidung, Maske
Maus: graue Kleidung, Maske

Tiermasken Hund, Katze, Maus

Hier die einfachste Maskenversion, mit der alle Kinder zurechtkommen.

Alter: ab 4 Jahren
Material: 3 Pappteller, Nagel, Farbstifte, je nach Tier Woll- oder Pappreste, Schnur oder Gummiband, Schere, Klebstoff

Zuerst halten die Kinder den Teller vors Gesicht. Die Spielleitung zeichnet Augen, Nase und Mund an. Die Kinder schneiden die Öffnungen dafür aus dem Pappteller heraus. Links und rechts von den Augen mit dem Nagel je ein Loch in den Pappteller bohren. Da wird später das Gummiband eingeknotet. Fertig ist die Basismaske. Jetzt gestalten die Kinder das Tier, das sie spielen. Runde Mausohren, spitze Katzenohren und Schlappohren für den Hund auf Pappe aufmalen, ausschneiden und ankleben. Katz und Maus könnten Schnurrbarthaare aus Wolle bekommen.

Die Rübe

Die „Hauptperson" im Märchenspiel basteln die Kinder gemeinsam aus einem Luftballon und Pappmaché.

Alter: ab 4 Jahren
Material: 1 größerer länglicher Luftballon, Zeitungspapier, Tapetenkleister, Pinsel, Rührlöffel, Schere, 2 Schüsseln, Acrylfarbe (orange), 1 m grüne Schnur, braunes Krepppapier, 1 Pappkarton ohne Deckel, in den der aufgeblasene Ballon rein passt

Den Luftballon aufblasen und zuknoten. Das Zeitungspapier in kleinere Fetzen reißen.

Den Tapetenkleister nach Anleitung anrühren. Den Ballon rundherum einkleistern und mit einer Lage sich überlappender Zeitungspapierfetzen bekleben. Kurz antrocknen lassen und nochmal zwei Lagen aufkleben. Gut trocknen lassen und mit Acrylfarbe anmalen. Wieder trocknen lassen.

Die grüne Schnur am Luftballonverschluss festknoten. Fertig ist die Rübe.

Die Rübe wird so in den Karton gesteckt, dass die Schnur heraushängt. Zum Schluss aus Krepppapier lockere Kugeln knüllen und als „Erde" in den Karton und über die Rübe einfüllen, aber nicht fest stopfen.

Bevor es losgeht

Es wird keine besondere Bühne benötigt, aber genug Platz für die Kette der „Rübenzieher".

Der Karton mit der Rübe muss also dementsprechend auf einer Seite so platziert werden, dass die Mitwirkenden sich dann jeweils von der anderen Seite einreihen können.

Der Text ist denkbar einfach. Es erfordert aber ein wenig Übung, so zu tun als würde man mit viel Mühe ganz fest an einer bockigen schwere Rübe ziehen, die in der Erde festsitzt, während sie in Wirklichkeit nur ganz locker im Karton sitzt.

Die Aufführung

Opa steht vor der Rübe.

Opa: *Jetzt will ich endlich meine große fette Rübe ernten!*

Opa packt die grüne Schnur und zieht und zieht …

Opa: *Hauruck! Hau-ruck!*

Opa ächzt und stöhnt, aber er schafft es nicht, die Rübe herauszuziehen.

Opa: *Oma, komm her! Ich krieg die Rübe nicht aus der Erde raus, hilf mit!*

Die Oma kommt auf die Bühne und fasst den Opa hinten am Hosenbund (oder an den Schultern). Opa packt die grüne Schnur und sie ziehen und ziehen …

Opa und Oma: *Hauruck! Hau-ruck!*

Sie ächzen und stöhnen, aber sie schaffen es nicht, die Rübe herauszuziehen.

Oma: *Anna! Komm her! Wir kriegen die Rübe nicht aus der Erde raus, hilf mit!*

Anna kommt auf die Bühne und fasst die Oma hinten an den Schultern.
Opa packt die grüne Schnur und sie ziehen und ziehen …

Alle drei: *Hauruck! Hau-ruck!*

Sie ächzen und stöhnen, aber sie schaffen es nicht, die Rübe herauszuziehen.

Anna: *Bello, komm her! Wir kriegen die Rübe nicht aus der Erde raus, hilf mit!*

Bello kommt auf die Bühne und fasst Anna hinten an den Schultern.

Opa packt die grüne Schnur und sie ziehen und ziehen ...

Alle vier: *Hauruck! Hau-ruck!*

Sie ächzen und stöhnen, aber sie schaffen es nicht, die Rübe herauszuziehen.

Bello: *Miezmiez, komm her! Wir kriegen die Rübe nicht aus der Erde raus, hilf mit!*

Die Miezmiez kommt auf die Bühne und fasst Bello hinten an den Schultern.

Opa packt die grüne Schnur und sie ziehen und ziehen ...

Alle fünf: *Hauruck! Hau-ruck!*

Sie ächzen und stöhnen, aber sie schaffen es nicht, die Rübe herauszuziehen.

Miezmiez: *Mausi, komm her! Wir kriegen die Rübe nicht aus der Erde raus, hilf mit!*

Mausi kommt auf die Bühne und fasst Miezmiez hinten an den Schultern.

Opa packt die grüne Schnur und sie ziehen und ziehen ...

Alle sechs: *Hauruck! Hau-ruck!*

Plötzlich zieht der Opa die Rübe aus dem Karton und alle purzeln nach hinten.

Opa hält die Rübe in der Hand und alle lachen und freuen sich. Sie winken und hüpfen von der Bühne.

Erntedankaufführung mit Geklapper

Das folgende Mitmach-Lied ist für dir Kleinsten konzipiert und passt sowohl für eine klitzekleine Aufführung als auch für ein kleines Morgenkreistheater. Die Großen dürfen gerne mitmachen. Der neue Text zur traditionellen Melodie animiert mit vielen Wortwiederholungen zum Mitsingen.

Alter: ab 2 Jahren

Requisiten

Nussklapper

Alter: ab 5 Jahren
Material: 2 halbe Walnussschalen, 1 Stück Pappe (15 x 5 cm), Lineal, Schere, Klebstoff, Stofftaschentuch oder -beutelchen, Nüsse

Den Pappstreifen in der Mitte quer falten. Die halben Nussschalen so auf die Enden des Pappstreifens kleben, dass sich die Walnusshälften beim Zusammenklappen mit den runden Seiten berühren.

Zum Spielen klappen die Kinder das Instrument auf und zu.

Klappersäckchen

Alter: ab 3 Jahren
Material: Nüsse, Stoffbeutelchen, Stofftaschentuch

Einige Nüsse in ein Stofftaschentuch einknoten oder in Beutelchen füllen.

Die Aufführung

Es fallen die Nüsse im Herbst von dem Baum

Text: Susanne Steffe
Musik: traditionell „Es klappert die Mühle ..."
CD: Track 5

Die Kinder singen das Lied. Bei „klapp-klapp" klappern sie rhythmisch die Nussklapper oder schütteln das Klappersäckchen.

Es fallen die Nüsse im Herbst von dem Baum, klapp-klapp.
Bei Tag und bei Nacht falln die Nüsse vom Baum, klapp-klapp.
Dann kommen die Kinder und sammeln sie ein
und tragen die Nüsse ins Haus hinein.
Klapp-klapp, klapp-klapp, klapp-klapp.
Es fallen die Nüsse im Herbst von dem Baum, klapp-klapp.
Bei Tag und bei Nacht falln die Nüsse vom Baum, klapp-klapp.
Dann kommen die Mäuse und sammeln sie ein
und tragen die Nüsse ins Haus hinein.
Klapp-klapp, klapp-klapp, klapp-klapp.
Es fallen die Nüsse im Herbst von dem Baum, klapp-klapp.
Bei Tag und bei Nacht fall'n die Nüsse vom Baum, klapp-klapp.
Dann kommen die Schweinchen und fressen sie auf.
So klappern die Nüsse dann in ihrem Bauch:
Klapp-klapp, klapp-klapp, klapp-klapp.

Nein, Nein, Nein

Trotziges Sockentheater & Szenen aus dem Kita-Alltag

In diesem Kapitel wird zunächst mit selbst gebastelten Sockenpuppen und dann in der Form des darstellenden Spiels Theater zu Themen aus dem Kita-Alltag und der Erlebniswelt der Kinder gespielt. Dabei geht es um Sozialverhalten, den Umgang mit „Fremden", um ungerechte Schuldzuweisung usw. Ein Teil des Angebotes eignet sich eher für den intimen Rahmen im Kindergarten, wo man „unter sich" ist und die Kinder für, mit und vor ihren Kameraden spielen, während die anderen Stücke sich auch für eine Aufführung im größeren Rahmen anbieten. Dazu gehören die beiden Puppenspiele, die am Anfang stehen. Puppenspiel ist Kindergartenkindern ja bestens bekannt. Sie spielen ganz von sich aus Situationen aus dem Alltag, Fantasien oder auch Wünsche mit Puppen, Teddybären, Kuscheltieren und anderen Gegenständen nach. Dabei zeigt sich oft ein ganz enormer Einfallsreichtum. Aus pädagogischer Sicht ist bemerkenswert, wie die Kinder die Erfahrungen im Puppenspiel für sich nutzen und gezielt umsetzen können. In diesem Sinne: Lasst die Puppen tanzen!

Nein, nein, nein - das Sockentheater

Dieses Socken-Theaterstück handelt davon, dass eine Puppe nicht teilen will und dann von den anderen mit einer entsprechenden Reaktion konfrontiert wird. Der Text ist durch die Wiederholungen ganz einfach zu lernen. Und obwohl das Thema eigentlich nicht sooo komisch ist, wird die Botschaft durch die Sockenpuppen auf ganz witzige Art und Weise übermittelt, sodass das Lachen überwiegt.

Alter: ab 4 Jahren

Requisiten

Sockenpuppe

Sockenpuppen sind ein echter Hit – so einfach und schön. Dabei kommt es nicht auf den Geschmack von Erwachsenen an, selbst wenn die fertige Puppe seltsam aussehen mag. Wichtig ist, dass die Kinder sich mit ihrem Geschöpf identifizieren, denn das wirkt sich sehr positiv auf die Spielfreude aus.

Alter: Grundsocke: Vorschulalter, Deko: ab 4 Jahren
Material: 1 Socke, Woll-, (Kunst-)Fell-, Stoffreste, 1 ovale Pappe (ca. 18 x 8 cm), Knöpfe, Wackelaugen, Schere, Klebstoff, Filz, Stopfnadel, Permanentmarker

Mit einer Hand in die Socke hineinfassen. Mit den Fingern in die Spitze und mit dem Daumen in die Ferse fassen und den Stoff nach innen gegen die Handfläche stülpen. Den ovalen Karton in der Mitte knicken und an die entstandene Innenwölbung als Ober- und Unterkiefer in der Socke festkleben. Fertig ist die „Grundpuppe". Die können die Kinder jetzt individuell gestalten:

- Zunge und Zähne z. B. aus Filz zuschneiden und in den Mund kleben.
- Wackel- oder Knopfaugen aufkleben bzw. annähen.
- Frisur aus Wolle gestalten ...

Bevor es losgeht

Die Kinder geben ihrer Puppe einen Namen.

Als Bühne eignet sich ein Kasperletheater, aber es funktioniert auch ein blickdichtes einfarbiges Tuch, hinter dem die Puppenspieler sich unsichtbar machen können. Alternativ kann auch so gespielt werden, dass die Puppenspieler dunkel gekleidet selbst in Erscheinung treten. Das hat einen ganz eigenen Reiz und fällt den Kindern leichter, die noch Mühe haben, wie beim „echten" Puppentheater, über dem Kopf zu spielen und dabei noch deutlich zu sprechen.

Die Aufführung

Puppe 1 isst mit Geschmatze.
Puppe 1: *Miamm, miamm, Schokolade!*
Puppe 2 taucht auf.
Puppe 2: *Was isst du denn da?*
Oh, Schokolade. Lecker!
Puppe 1 dreht sich ein bisschen weg.
Puppe 2: *Du, gibst du mir ein Stückchen ab?*
Puppe 1 schüttelt entschieden den Kopf.
Puppe 1: *Nein, nein, nein. Meine Schokolade, die ess' ich ganz allein.*
Puppe 2 verschwindet.
Puppe 1 dreht sich wieder zum Publikum.
Puppe 1: *Miamm, miamm, Käsebrot!*
Puppe 3 taucht auf.
Puppe 3: *Was isst du denn da? Oh, Käsebrot. Lecker!*
Puppe 1 dreht sich ein bisschen weg.
Puppe 3: *Du, gibst du mir ein Stückchen ab?*
Puppe 1 schüttelt entschieden den Kopf.
Puppe 1: *Nein, nein, nein. Mein Käsebrot, das ess' ich ganz allein.*
Puppe 3 verschwindet.

Puppe 1 dreht sich wieder zum Publikum.
Puppe 1: *Lecker, lecker, schlürf, schlürf, Apfelsaft schlürf.*
Puppe 4 taucht auf.
Puppe 4: *Was schlürfst du denn da? Oh, Apfelsaft. Lecker!*
Puppe 1 dreht sich ein bisschen weg.
Puppe 4: *Du, gibst du mir ein Schlückchen ab?*
Puppe 1 schüttelt entschieden den Kopf.
Puppe 1: *Nein, nein, nein. Meinen Apfelsaft, den trink' ich ganz allein.*
Puppe 4 verschwindet.
Die Puppen 1, 2 und 3 tauchen wieder auf und tanzen auf und ab.
Puppe 1 dreht sich zum Publikum.
Puppe 1: *Was spielt ihr denn da?*
Puppe 2: *Nix!*
Puppe 2 dreht sich ein bisschen weg.
Puppe 1: *He, was spielt ihr denn da?*
Puppe 3: *Nix!*
Puppe 3 dreht sich ein bisschen weg.
Puppe 1: *Darf ich mitspielen?*
Alle: *Nein, nein, nein! Unser Spiel, das spiel'n wir ganz allein!*
Puppe 1: *Ihr seid ja sooo gemein!*
Alle Puppen schütteln den Kopf.
Puppe 1 dreht sich kurz weg und wieder zum Publikum.
Puppe 1: *O.k., das nächste Mal gebe ich euch was ab. Könnt ihr mir jetzt verzeih'n?*
Alle: *O.k., machen wir!*
Puppe 1 wird in den Kreis aufgenommen. Alle tanzen fröhlich auf und ab und verschwinden.

Seltsames Streifenbärchen

Ein weiteres Sockenpuppen-Spielstück, diesmal zum Thema „fremd" sein und „anders aussehen". Dieses Thema ist eigentlich immer aktuell und es gilt, schon bei den Kindern den Grundstein dafür zu legen, dass Rassismus und Fremdenhass keine Chance haben. Also kommt da ein seltsames Streifenbärchen als Neuzugang in die Kita ...

Alter: ab 4 Jahren

Requisiten

Sockenbärchen

Dieses ganz einfache Modell funktioniert ohne integrierte Pappe und ist von der Bastelei her auch für die Kleineren zu bewältigen.

Alter: ab 4 Jahren
Material: braune oder beige Socken, 1 gestreifte Socke, brauner Filz, schwarzer Filz, Schere, Klebstoff, Wackelaugen, Filzstift

Um herauszufinden, wie viel Platz das Gesicht der Puppe braucht, stülpen die Kinder die Socke auf ihre Hand. Den Daumen verwenden sie als Unterkiefer und die anderen Finger, um das Gesicht und den Oberkiefer zu formen. Mit der Hand in der Sockenpuppe lässt sich auch herausfinden, wo der Mund sein soll. Der Mund wird mit dem Stift dann da aufgemalt, wo die Fingerspitzen die Lippen darstellen.

Die Bärennase aufmalen oder aus Filz aufkleben. Ohren können auch ausgeschnitten werden. Wackelaugen aufkleben oder aus Papier basteln und aufkleben.

Die Aufführung

Mitwirkende:

Herr oder Frau Brummbär (Spielleitung-Bär): größere, braune Puppe
Bärchen (Fusselbärchen, Naschbärchen, Traumbärchen, Motzbärchen): Sockenpuppen in unterschiedlichen Farbtönen (ockerfarben oder braun)
Bodo-Streifenbärchen: bunte Ringelsockenpuppe

Alle Bärchen „stehen" zusammen und unterhalten sich.
Alle Bärchen: *Rhabarber, Rhabarber, bla, bla, bla, bla ...*
Frau (oder Herr) Brummbär kommt dazu.
Brummbär: *Guten Morgen, Kinder!*
Kinder: *Guten Morgen, Frau (oder Herr) Brummbär!*
Brummbär: *Guckt mal, wen ich euch mitgebracht habe!*
Bodo Streifenbärchen taucht hinter Frau Brummbär auf.
Bärchen **(tuschelnd)*****:*** *Oh, guck mal ... ein Neuer! Wie sieht'n der aus?*
Alle Bärchen kichern.
Brummbär: *Das ist Bodo Streifenbärchen. Er kommt von ganz weit her, aus einem fernen Land. Willkommen in unserer Kita, Bodo. Und jetzt stelle ich dir die anderen Bärchen vor. Also: Das hier ist Fusselbärchen.*
Bodo: *Hallo Fusselbärchen.*
Fussel **(motzig)*****:*** *Tach!*
Brummbär: *Das hier ist Naschbärchen.*
Bodo: *Hallo Naschbärchen.*
Naschbärchen **(kauend)*****:*** *Hellou.*
Brummbär: *Und das ist Traumbärchen.*
Bodo: *Hallo Traumbärchen.*
Traumbärchen **(schnarcht)*****:*** *Zzzzzzzz ...*
Brummbär: *Das hier ist Motzbärchen.*
Bodo: *Hallo Motzbärchen.*
Motzbärchen dreht sich weg.
Brummbär: *So, jetzt spielt schön zusammen. Bis nachher!*
Brummbär geht.

Motzbärchen: *Nö – mit DEM spiel ich nicht. Der hat ja Streifen.*
Fusselbär: *Igitt, nee, ich auch nicht.*
Naschbär: *Nee, ich auch nicht. Der sieht blöd aus.*
Motzbärchen stößt Traumbärchen an.
Motzbärchen: *He, Traumbärchen, und was ist mit dir?*
Traumbärchen: *Zzzzzz-was? Was ist los?*
Fusselbärchen: *Guck dir mal den Neuen an.*
Traumbärchen: *Oh, ein Neuer!*
Motzbärchen: *Guck mal, wie der aussieht.*
Fusselbärchen: *Der sieht nich aus wie wir!*
***Traumbärchen* (gähnt):** *Wow. Ein Streifenbärchen. Hallo, Streifenbärchen. Wie heißt'n du?*
Bodo: *Bodo.*
***Traumbärchen* (gähnt):** *Du siehst ja toll aus. Sind das echte Streifen?*
Bodo: *Na klar sind das echte Streifen.*
Traumbärchen: *Super. Darf ich mal anfassen?*
Bodo: *Na klar.*
Traumbärchen streichelt mit dem Kopf, ganz verzückt.
Traumbärchen: *Boah, hast du ein weiches Fell! Richtig kuschlig.*
Fusselbärchen: *Echt? Darf ich auch mal?*
Bodo: *Na klar.*
Fusselbärchen streichelt.
Fusselbärchen: *Boah, das fühlt sich super an. Gar nicht fusslig.*
Naschbärchen: *Ich will auch mal.*
Bodo: *Na klar!*
Naschbärchen streichelt und schnüffelt dann an Bodo herum.
Naschbärchen: *Und der riecht auch lecker!*
Motzbärchen: *Aber der ist trotzdem keiner von uns!*
Alle: *Isser doch.*
Traumbärchen: *Der gehört jetzt auch zu uns! So wie du!*
Alle Bärchen: *Genau!*
Motzbärchen: *Naaaa gut. Komm mit, Bodo. Wir gehen spielen.*
Die Bärchen nehmen Bodo in die Mitte und verlassen die Bühne.

Aus dem Kita-Alltag

Zwei kurze darstellende Spielszenen zur Förderung der sozialen Intelligenz, aber auch der Ausdrucks- und Darstellungskraft, die sich gut in den Räumen des Kindergartens realisieren lassen. Je öfter die Kinder diese Szenen spielen, desto mehr werden sie „schauspielern" und wahrscheinlich auch die Szenerie nach ihren Vorstellungen verändern oder erweitern.

Alter: ab 5 Jahren

Aufführung I: Wer war das?

Eine kurze Spielszene zum Thema Schuldzuweisung. Jeder, der angesprochen wird, reagiert auf die gleiche Art auf diese Ungerechtigkeit, aber mit ganz unterschiedlicher Betonung, Stimmlage und Stimmung. Manche werden böse, manche sind beleidigt, andere zucken mit den Schultern usw.

Die Kinder sitzen in einem großen Kreis.
Eines steht auf und sagt ganz vorwurfsvoll:
„In meinem Schuh ist ein Klecks Joghurt. Wer war das?"
Ein anderes Kind steht auf, zeigt mit dem Finger auf ein Kind und sagt:
„Du!"
Das angesprochene Kind schüttelt empört den Kopf und sagt:
„Ich? Wieso ich?"
Es deutet wiederum auf einen anderes Kind und sagt:
„Du!"
Und so geht das immer weiter, bis die Spielleitung in die Kreismitte geht und zum ersten Kind spricht:

„Tut mir leid .... **(Name des Kindes)**. *Ich bin vorhin gestolpert und dabei ist mir der Joghurtbecher aus der Hand gefallen. Leider ist ein Klecks in deinem Schuh gelandet. Ich hab den Schuh jetzt sauber gemacht."*

Aufführung II: Keine Lust

Eine weitere kurze Szene zum Thema Langweile, Ablehnung und Annehmen von Vorschlägen.

Lukas: *Mir is soooo langweilig.*
Felix: *Komm, wir spielen was.*
Lukas: *Was denn?*
Felix: *Komm, wir spielen Memory.*
Lukas: *Nö. Keine Lust. Memory is sooo langweilig.*
Sarah: *Komm, wir spielen Vater, Mutter, Kind.*
Felix: *Au ja.*
Lukas: *Nö. Keine Lust.*
Felix: *Na gut, dann spielen wir eben – Fangen.*
Sarah: *Au ja.*
Lukas: *Nö. Keine Lust. Fangen is langweilig.*
Sarah: *Du bist langweilig, Lukas.*
Lukas: *Selber.*
Felix: *Hmm – komm Sarah, dann gehen wir eben alleine raus und spielen ... Räuber?*
Sarah: *Au ja, wir wären Räuber im finsteren Räuberwald. Und ich wär die Räubertochter!*
Felix: *Und ich wär der Polizist, der die Räuber sucht.*
Sarah: *Und dann würdest du überall suchen, aber der schlaue Räuberhauptmann ...*
Felix: *Äh. Welcher Räuberhauptmann?*
Sarah: *Stimmt, wir haben ja gar keinen.*
Lukas: *Doch. Ich wär der Räuberhauptmann. Ich spiel mit!*
Sarah: *Super!*
Lukas: *Und dann würden wir erst mal richtig fett räubern.*
Felix: *Ja, toll! Also los! Wir gehen raus!*
Alle drei stehen auf und hopsen davon.

Gespunster & Munster

Wohlig schauriges Halloweentheater

Halloween bietet Kindern einen schönen Anlass, aus ihrer Alltagsrolle auszubrechen und die Machtverhältnisse zwischen Kleinen und Großen mal eben umzukehren, indem sie sich verkleiden und in unheimliche Geisterwesen verwandeln, die der Zauberei mächtig sind. Und so ziehen jede Menge junge Hexen, Zauberer, Monster und Vampire von Tür zu Tür, um unter Androhung von Streichen von den Hausbewohnern Süßigkeiten einzufordern, denn darum bitten ist an Halloween nicht angesagt. Dass und was die Kinder dabei für ein bemerkenswertes Theater spielen, ist ihnen gar nicht bewusst.
Neben der „Trick & treat"-Tradition hat sich zu Halloween auch für Kinder eine Fest- und Partykultur entwickelt, die sich inzwischen in den meisten Kindergärten ebenfalls etabliert hat. Da gibt es große öffentliche Veranstaltungen ebenso wie kleinere oder private Feste, wobei die Struktur sich oft nicht wesentlich unterscheidet: Neben Vorführungen vor Publikum stehen Darbietungen, die das Publikum zum Mitmachen animieren. Daran orientiert sich auch das Angebot in diesem Kapitel mit Mitmach-, Singspiel-, Schattentheater und mehr.

Das kleine Fledermaus-Schattentheater

Schattentheater für Einsteiger – ganz einfach, aber dennoch schön anzuschauen. Und die Fledermaus passt perfekt zu Halloween.

Alter: ab 5 Jahren

Requisiten

Die Spielfiguren

Die Figuren für dieses Schattenspiel sind leicht herzustellen. Sie lassen sich auch leicht ausbessern, wenn die Schere mal ausrutscht. Einfach Karton anstückeln und schon ist der Schaden behoben.
Die Größe der Figuren richtet sich nach der Spielfläche. Zwischen 15 und 50 cm sind üblich. Für die Kita-Kinder eignen sich zum Basteln einfache, großkonturige Figuren.

Alter: ab 4 Jahren
Material: Kopiervorlagen (siehe Seite 84 ff.: 1 Sonne, 1 Mondsichel, 2 Sterne, 1 Wolke, 1 Baum, 1 Fledermaus), schwarzer Fotokarton, Schere, Klebefilm durchsichtig, dünne Rundholzstäbe, heller Stift, Nagel

Die Vorlagen in passender Größe auf den Tonkarton übertragen und ausschneiden. Die Fledermaus wird zweimal gebraucht, eine mit dem Kopf nach unten. Dann mit Klebestreifen den Führungsstab an der Rückseite der Figuren anbringen.

Bevor es losgeht

Bühne

Für improvisiertes „Türrahmentheater" reicht ein weißes Tuch (ca. 60 x 100 cm).

Als Lichtquelle wird eine Punktleuchte empfohlen. Die Schatten der SpielerInnen sollten nicht zu sehen sein. Eine andere einfache Bühne besteht aus einem in der Tür aufgehängten Stoff- oder Papierschirm und zusätzlich einer den unteren Bereich samt den Spielern verdeckende Decke. Ein umfunktioniertes Kasperletheater geht auch.

Als Tischbühne funktioniert außerdem ein bespannter Bilderrahmen. Für die Spielfläche eignet sich jedes weiße, nicht zu dicke Tuch.

Licht

Die Lichtquelle, am besten eine Punktleuchte, wird entweder so weit oben hinter den Kindern angebracht, dass das Licht über ihre Köpfe weg auf die Figuren fällt. Oder man platziert die Leuchte mit geringstem Abstand zur Spielfläche, direkt an deren oberen Rand. Die Spieler stehen dann hinter der Lichtquelle. Ausprobieren …

Die Aufführung

Mit dem Kopf nach unten, so schläft die Fledermaus.
Die Kopfüber-Fledermaus bewegt sich nicht.
Sie schläft den ganzen Tag und schnarcht bei Sonnenschein.
Die Sonne erscheint von einer Seite unten und wandert langsam nach oben.
Die Fledermaus bewegt sich nicht.
Fledermausspieler/-in schnarcht.
Mit dem Kopf nach unten, so schläft die Fledermaus.
Die Sonne wandert langsam nach unten. Die Fledermaus bewegt sich nicht.

Fledermausspieler/-in schnarcht.

Sie wartet auf die Nacht und auf den Mondenschein.

Die Sonne verschwindet unten. Die Fledermaus bewegt sich nicht. Fledermausspieler/-in schnarcht.

Und wenn der Mond aufgeht,

Der Mond wandert langsam in der Mitte von unten nach oben.

dann wird sie wach,

Die Fledermaus bewegt sich. Zwei Sterne erscheinen, einer an jeder Seite, und sie fliegt fort.

Die „Kopfüber-Fledermaus" taucht ab, die andere taucht auf.

fliegt in der Nacht herum.

Die Fledermaus fliegt auf und ab.

Nach hier,

Die Fledermaus fliegt Richtung Mond.

nach da,

Die Fledermaus fliegt zur einen Seite Richtung Stern.

nach dort.

Die Fledermaus fliegt zur anderen Seite Richtung Stern.

Und wenn die Sonne wieder aufgeht,

Der Mond wandert nach unten. Die Sonne wandert nach oben.

kehrt sie zurück an jenen Ort.

Die Fledermaus taucht ab, die Kopfüber-Fledermaus taucht auf.

Und mit dem Kopf nach unten, so schläft sie wieder,

Die Fledermaus wird wieder wie in der Ausgangsposition gehalten.

die Fledermaus.

Die Fledermaus bewegt sich nicht. Fledermausspieler/-in schnarcht.

Die kleine Hex – ein extramagisches Spektakel

Die Präsentationsform von beliebig großem Sprech-Chor und Einzelpantomime passt ideal zu großen Bühnen, z. B. bei größeren Halloween-Veranstaltungen, da es auch recht einfach ist, das Publikum mit einzubeziehen, indem es dazu animiert wird, den Refrain mitzuskandieren.

Alter: ab 5 Jahren

Kostüme und Requisiten

Der Hex-hex-Hexenkopf

Alter: ab 3 Jahren
Material: buntes Kopftuch, Kamm, Gel

Hexen tragen gerne ein Kopftuch, das entweder unter dem Kinn oder über der Stirn zusammengebunden wird. Es gibt auch Hexen, die sich lieber die Haare wild toupieren, Hexen mit kürzeren Haaren können sich mit Gel eine Stachelfrisur machen.

Zackige Hexenröcke

Hexen ziehen gerne sieben Röcke übereinander. Sie lieben aber auch zackige Flickenröcke.

Alter: ab 5 Jahren
Material: 1 ausgedienter Maxirock, Stoffreste, buntes Stopfgarn, Stopfnadel, Schere

In den Maxirock unten am Saum wilde Zacken schneiden. Dann franst er aus – und das finden Hexen toll. Zu lange Fransen abschneiden oder den Saum mit Nagellack abpinseln. Aus Stoffresten Vierecke und Dreiecke ausschneiden oder Fledermäuse oder Spinnen mit Stopfgarn auf den Rock nähen (oder aufkleben)

Heissa-Hexenbesen

Immer beliebt sind traditionelle Reisig- oder Strohbesen, aber Kunststoffbesen in Pink sehen auch ganz schnittig aus.

Extramagischer Zauberstab

Ein unverzichtbares Accessoire für jede Hexe, hergestellt aus einer mit Folie beklebten dünnen Papprolle.

Hexen Bruchlandung

Diese „Bruchlandung" wird bei der nachfolgenden Aufführung ganz zum Schluss eingesetzt, aber abgesehen davon passt sie wunderbar als Dekoration zu Halloween-Partys.

Alter: ab 5 Jahren
Material: großer Blumentopf, Füllmaterial (z. B. aus dem Papierschredder), 2 kürzere Schwimmnudeln, 1 Paar geringelte Überkniestrümpfe, 1 Paar witzige olle Schuhe mit Absatz, 1 (Hexen-)Besen mit kurzem Stiel, Papier zum Knüllen

Den Fuß von den Strümpfen mit Papier ausstopfen, und dann die Strümpfe über die Schwimmnudeln ziehen. Jetzt die Schuhe anziehen. Fertig sind die Hexenbeine

Den Blumentopf locker mit Füllmaterial befüllen. Dann die „Hexenbeine" so in den Blumentopf stecken, dass es aussieht als sei die kleine Hexe kopfüber im Blumentopf gelandet – Fußspitzen nach außen. Weiter Füllmaterial zufügen, bis die „Hexenbeine" fest stecken. In die Mitte dahinter den Besenstiel in den Topf stecken und alles nochmal mit Füllmaterial gut feststopfen.

Bevor es losgeht

Wer möchte die kleine Hexe spielen? Das kann ja während der Proben ausprobiert werden, bei denen der Hexenchor das Gedicht und die Bewegungen gut einübt. Dabei könnten sich verschiedene kleine Hexen in der Rolle versuchen, bis es zu einer Entscheidung kommt.

Als Bühne eignet sich jede bespielbare Fläche, die groß genug für die Chorreihe ist.

Die Aufführung

Die kleine Hex an Halloween

Textbearbeitung: S. Steffe

Der Hexenchor stellt sich im Halbkreis auf und spricht den Text rhythmisch.

Die Hexen „reiten" auf ihren Besen und schunkeln hin und her.

Beim Refrain schwingen sie rhythmisch die Zauberstäbe.

Die kleine Hexe agiert pantomimisch vor dem Chor in der Mitte der Bühne.

An Halloween um sechs erwacht die kleine Hex.
Die kleine Hexe erwacht und gähnt.
An Halloween um sieben, fängt sie an zu üben.
Sie nimmt den Zauberstab ...
Sie sucht in ihrem Hexenbuch den allerschönsten Zauberspruch.
... und blättert im Buch.
Sie sucht in ihrem Hexenbuch den allerschönsten Zauberspruch.
Hexenchor: *Abrakadabra – dreimal schwarzer Kater*
Simsalabim – Hokus, Pokus, Fidibus
Abrakadabra – dreimal schwarzer Kater
Simsalabim – Hokus, Pokus, Fidibus
An Halloween um acht, wird schon Rabatz gemacht
Die kleine Hexe tanzt wild herum.
An Halloween um neun, macht sich die Hexe fein.
Sie rauft sich die Haare.
Sie fliegt auf ihrem Besen fort, in den kleinen Nachbarort.
Sie schnappt sich den Besen und „reitet" darauf im Kreis herum.
Sie fliegt auf ihrem Besen fort, in den kleinen Nachbarort.
Hexenchor: *Abrakadabra – dreimal schwarzer Kater ...*
An Halloween um zehn, will sie zur Party gehn.
Alle Hexen tanzen zusammen.
An Halloween um elf, denkt sie es sei schon zwölf.
Die kleine Hexe erstarrt ...
Sie kriegt einen Riesenschreck und fliegt auf ihrem Besen weg.
... schnappt den Besen ...
Sie kriegt einen Riesenschreck, und fliegt auf ihrem Besen weg.
... und „reitet" von der Bühne.
Hexenchor: *Abrakadabra – dreimal schwarzer Kater ...*
Während die Hexen skandieren, wird die „Hexenbruchlandung" in der Mitte der Bühne platziert.
Und weil ganz zum Schluss, noch was passieren muss ...
Die Hexen öffnen die Reihe ...
Und weil ganz zum Schluss, noch was passieren muss,
landet die Hex mit ihrem Schopf, mittendrin im Blumentopf,
... und zeigen auf die Bruchlandung.
landet die Hex mit ihrem Schopf, mittendrin im Blumentopf.
Hexenchor: *Abrakadabra – dreimal schwarzer Kater ...*

Heute Nacht ist Halloween

Viele Kinder haben Angst im Dunklen. Bei Monsterkindern ist das allerdings ungewöhnlich. Und jetzt ist auch noch Halloween. Die ganze Monsterfamilie freut sich drauf, so richtig zu monstern. Nur das Monsterchen freut sich nicht... Aber zum Glück wird in diesem Theaterstück, das sich bestens zur Aufführung auf der Bühne eignet, doch noch eine Lösung gefunden.

Alter: ab 5 Jahren

Kostüme und Requisiten

Kostüme für die Mitwirkenden

Monsterverkleidung (siehe Anleitung unten) für Monsterchen, Monsterpapa, Monstermama und sechs Monster

Fetziges Lumpenmonster

Eine günstige Verkleidung, die sich ohne viel Aufwand von den Kindern herstellen lässt.

Alter: Vorschule
Material: abgelegte Hose, abgelegtes XXL-T-Shirt, rote Textilfarbe, Schere, grüne Schminke, schwarzer Schminkstift, farbiges Haarspray

In das T-Shirt dürfen die Kinder Löcher schneiden, und rote Farbflecken draufkleckern. In die Hose unten schneiden sie große Zacken rein. Das Gesicht grün schminken und dann mit schwarzem Stift „Nähte" aufmalen. Um ein Auge einen großen schwarzen Ring schminken. Die Haare bunt sprayen und schön monsterig auftoupieren.

Weitere Requisiten

großer Papierkorb, Papier zum Zerknüllen (alte Zeitungen usw.), Kürbisgeist, olles großes Sofa und anderes shabby Mobiliar

Bevor es losgeht

Die Bühne wird monstermäßig chaotisch gestaltet, mit einem ollen Sofa in der Mitte, einem großen Papierkorb daneben, vielen zerknüllten Papierkugeln auf dem Boden und allem anderen Gerümpel, das sich finden lässt. Hauptsache unordentlich.

Die Kinder üben den Ablauf, der vom Text her ganz einfach ist.

Die Aufführung

Die sechs Monster lümmeln auf dem Sofa.
Monsterchen hockt vor dem Sofa auf dem Boden.
Monster 1: *Huuuu, heute Nacht ist Halloween – Monster durch die Straßen ziehn.*
Monster 2: *Ja, super. Endlich Halloween!*
Monster 3: *Juhuuuu, wir werden monstern.*
Monster 4: *Wir werden Leute erschrecken.*
Monster 5: *Wir werden die ganze Stadt …*
Monster 6: *… in Angst und Schrecken versetzen!*
Der Monsterpapa erscheint Hand in Hand mit der Monstermama auf der Bühne
Monsterpapa: *Ok – aber vorher müssen wir die Monsterbude aufräumen.*
Monstermama: *Ja, das müssen wir.*
Monsterchen steht auf
Monsterchen: *Stimmt, hier sieht es schrecklich aus.*
Monsterchen fängt an, die Papierkugeln in den Mülleimer zu tragen. Alle anderen gucken entgeistert zu.
Monster 4: *Monsterchen, was machst du da?*
Monsterchen sammelt weiter Papier vom Boden auf.
Monsterchen: *Na, aufräumen!*
Alle: *Monsterchen, so geht das nicht, wir sind Monster!*
Monster 1 steht auf, schmeißt den Papierkorb um und kickt Kugeln rum.
Monster 2 steht auf, nimmt eine Kugel und schmeißt sie neben den Papierkorb.
Alle Monster stehen auf und schmeißen Papierkugeln herum.
Monsterchen steht still.
Alle: *Guck mal, so geht das! Immer schön unordentlich. Wir sind doch Monster! Und jetzt los, los, monstern gehen!*
Alle Monster trampeln herum.
Monsterchen versteckt sich hinter dem Papierkorb.
Die anderen trampeln weiter herum.
Alle: *Monsterchen, komm endlich!*
Monsterchen lugt hinter dem Papierkorb vor
Monsterchen: *Nein, nein, nein.*
Alle: *Hä? Was ist los mit dir?*
Monsterchen: *Ich mag nicht monstern!*
Alle: *Hä? Warum nicht?*
Monsterchen: *Weil, weil … draußen ist es dunkel. Und ich hab so Angst.*

Monsterpapa: *Was hast du? Angst im Dunkeln?*
Monstermama: *Nee, oder?*
Monsterchen: *Doch.*
Monsterpapa: *Na, du bist aber ein komisches Monster.*
Alle: *Und was machen wir jetzt?*
Monsterpapa: *Ha, ich weiß! Wir nehmen den Kürbisgeist mit*
Monsterchen: *Uhh, ein Geist. Ist der böse?*
Monstermama: *Nee, der ist nicht böse. Aber er leuchtet.*

Monstermama geht und kommt mit dem leuchtenden Rübengeist zurück und gibt ihn dem Monsterchen.

Monsterchen taucht hinter dem Papierkorb auf.

Monsterchen: *Oh, danke, Mama! Jetzt hab ich keine Angst mehr.*
Monsterpapa: *Gut, dann können wir ja endlich monstern gehen.*
Alle: *Jaaa, monstern!*

Alle Monster stampfen herum und skandieren:

Alle: *Monster schreien, Geister lachen,*
gebt uns Süßes, sonst wirds krachen. ...
Süßes oder Saures – wenn Sie uns nichts geben,
bleiben wir hier kleben. ...
Rummel, rummel, sponster –
wir sind die dollen Monster,
wollt ihr uns vertreiben oder soll'n wir bleiben?
Was Süßes raus, sonst spukt's im Haus ...

Laterne, Laterne, Sonne, Mond und Sterne

Märchenhaftes Schattentheater und weitere Angebote rund um St. Martin und die Lichterzeit

Im Spätherbst, wenn es schon recht früh dunkel wird, beginnt die Zeit der Lichterfeste und der Laternenumzüge. Zu dieser Grundstimmung passen Märchen, märchenhafte Lieder, wundersame Geschichten und Schattentheater-Aufführungen, die so schön wunderlich und poetisch wirken. Mit der auf die Fähigkeiten von Kindergartenkindern adaptierten Umsetzung einer Geschichte vom Mann im Mond in dieser Spielform beginnt auch das folgende Kapitel.
In diese Zeit fällt dann auch das St. Martinsfest, für das es hier mit einer Bühnenaufführung zur klassischen Martins-Geschichte, einem Laternenlauf im Sitzkreis sowie einem Singspiel gut umsetzbare Angebote gibt.

Der Mann im Mond – ein märchenhaftes Schattentheater

Der Mann im Mond möchte beim Laternenumzug dabei sein. Also begibt er sich mit dem Mond als Laterne auf die Erde. Da die Mondlaterne aber so hell leuchtet, dass man die anderen gar nicht mehr sieht, verschwinden diese …

Vom Aufwand und vom Aufbau her ist das Stück recht einfach. Die Figuren sind stilisiert und als Bühne fungiert ein abgehängter Türrahmen. Von daher eignet es sich zur Aufführung in der Kita oder in privaten Räumen. Für eine Aufführung im größeren Stil könnten die Tücher z. B. an Ständern befestigt werden. Es lässt sich aber auch eine andere Bühnenform nutzen.

Alter: ab 5 Jahren

Requisiten

Die Spielfiguren

Zu den Spielfiguren gehören ein einfaches stilisiertes Männlein als Mann im Mond, ein Mond, eine Sternschnuppe, ein Stern und mehrere Laternen.

Alter: Vorschule
Material: Schablonen-Vorlagen für die Figuren (siehe Seite 90 ff.), schwarzer Fotokarton, runde Holzstäbe ca. 6 mm dick und 1 Meter lang, buntes Transparentpapier, Bleistift, durchsichtiges Gewebeband, Klebestift, Schere und Cutter, Schneideunterlage

Die Kinder legen die Schablonen auf den schwarzen Karton, malen den Umriss mit dem Bleistift nach und schneiden die Spielfiguren aus. Für den Vollmond wird der gesamte Umriss nochmal in ca. 3 cm Abstand vom Rand innen nachgezeichnet. Das kann auch wackelig sein. Die so entstandene Fläche schneiden die Kinder mit einem Cutter vorsichtig heraus. Danach decken sie die Aussparung mit leuchtend gelbem Transparentpapier ab, das sie mit Klebestift hinter den Aussparungen am Rand festkleben. Für die Laternen schneiden die Kinder die markierten Flächen aus der Grundform aus und bekleben die Ausschnitte mit Stücken von buntem Transparentpapier, wie es ihnen gefällt. Zum Schluss befestigen sie mit Gewebeband den Holzstab an der Rückseite der Figur.

Bühne

Material: dünnes weißes Laken, 1 schwarzes Tuch oder Wolldecke, Reißzwecken, Schreibtischlampe, Stuhl oder Hocker

Das weiße Laken mit Reißzwecken in den Türrahmen befestigen. Das dunkle Tuch entlang des unteren Randes so befestigen, dass es den Kindern, die in der Hocke sitzen, bis knapp über den Kopf reicht, sodass die ZuschauerInnen deren Schatten nicht sehen können.

Licht

Hinter den Kulissen, dort, wo die Kinder spielen, wird eine Schreibtischlampe auf einen Stuhl gestellt. Ihr Licht wirft die Schatten der Figuren und der Kulisse auf das Tuch.

Die Lampe sollte so platziert werden, dass der Lichtkegel die gesamte Spielfläche erhellt.

Bevor es losgeht

Die Szenen ausprobieren und die 1. Strophe vom Laternenlied einüben. Ein Sprecherkind auswählen oder die Spielleitung übernimmt diese Rolle.

Die Aufführung

Szene 1: Laternen

Mehrere Laternen wandern im unteren Teil der „Bühne“ von einer Seite zur anderen. Dazu singen die Kinder die 1. Strophe von „Laterne, Laterne“. Die Laternen tanzen dazu auf und ab.

Sprecher/-in: *Es war einmal ein Lichterfest, da wanderten die Laternen …*

Szene 2: Laternen, Mond, Stern, Sternschnuppe

Über den Laternen, die unten auf und ab tanzen, erscheinen von oben der Stern, in der Mitte der Mond, und die Sternschnuppe. Die Laternen verschwinden nach unten.

Sprecher/-in: *Und der Mond ging am Himmel auf mit seinen Sternen …*

Szene 3: Mondmann, Mond, Stern, Sternschnuppe

Stern, Mond und Sternschnuppe bleiben am Platz stehen. Der Mondmann erscheint von unten.

Sprecher/-in: *Da erschien der Mondmann, der wollte auch mit einer Laterne gehen.*

Szene 4: Mondsichel, Mondmann, Sternschnuppe, Stern

Stern und Sternschnuppe verschwinden zur Seite. Der Mondmann und der Mond wandern abwärts und verschwinden.

Sprecher/-in: *Also nahm er den Mond vom Himmel und machte sich auf den Weg zur Erde.*

Szene 5: Laternen

Mehrere Laternen wandern im unteren Teil der „Bühne“ von einer Seite zur anderen. Dazu singen die Kinder die 1. Strophe von „Laterne, Laterne“. Die Laternen tanzen dazu auf und ab.

Sprecher/-in: *Denn da unten, da wanderten die Laternen …*

Szene 6: Mondmann, Mond, Laternen

Der Mondmann erscheint mit dem Mond über den Laternen. Die Laternen verschwinden alle nach unten.

Sprecher/-in: *Doch als der Mondmann mit dem leuchtenden Mond über den Laternen auftauchte, da verschwanden die Laternen. Denn der Mond strahlte so viel heller als sie …*

Szene 7: Mondmann, Mond

Der Mondmann steht mit dem Mond alleine da.

Sprecher/-in: *Und so stand der Mondmann ganz einsam und alleine da mit seiner leuchtenden Mondlaterne. Da wurde er sehr traurig.*

Szene 8: Mondmann, Mond, Stern, Sternschnuppe

Der Mondmann und der Mond wandern in der Mitte nach oben. Von einer Seite erscheint der Stern, von der anderen die Sternschnuppe. Sie bleiben am Platz stehen.

Sprecher/-in: *Also wanderte der Mondmann mit dem Mond zurück in den Himmel, dort bei den Sternen, wo er zu Hause ist …*

Szene 9: Laternen

Mehrere Laternen wandern im unteren Teil der „Bühne" von einer Seite zur anderen. Dazu singen die Kinder die 1. Strophe von „Laterne, Laterne". Die Laternen tanzen dazu auf und ab.

Sprecher/-in: *Unten auf der Erde, da wanderten wieder die Laternen …*

Szene 10: Laternen, Mondmann, Mond, Stern, Sternschnuppe

Unten stehen die Laternen, oben auf der einen Seite der Stern, in der Mitte Mond und Mondmann, auf der anderen Seite die Sternschnuppe.

Sprecher/-in: *Der Mondmann mit dem Mond und seinen Sternen guckte vom Himmel auf die Erde. Und alle waren zufrieden.*

St. Martin und der Bettler

Die bekannteste Geschichte von St. Martin in einer der heutigen Zeit angepassten Version

Alter: Vorschule

Kostüme und Requisiten

Kostüme für die Mitwirkenden

Martin: 1 roter Umhang (2 Tücher mit Klettband zusammenfügen), Hinweis: Der Klettverschluss muss nicht wie der Reißverschluss auf ganzer Kantenlänge angebracht werden, sondern er kann den Mantel auch stückweise zusammenhalten und eignet sich vom Sound her am besten für die Bühne, da ein kräftiges „Ratsch" das Teilen gleich noch viel authentischer macht! 1 Fahrradhelm à la Militärhelm, 1 Handy, 1 Spielzeugschwert

Fahrer: Fahrradhelm à la Militärhelm, Anorak

Bettler: zerrissene Klamotten, kaputte Socken

Vier Passanten: Winterkleidung mit Mütze und Schal

Requisiten

1 Bobbycar mit Anhänger, 2 Handys, Spielzeugschwert, Zeitung zum Draufsetzen, 1 Bettelschale

Die Aufführung

Szene 1: Martin, Fahrer

Der Bobbycar fährt auf die Bühne: vorne sitzt der Chauffeur, hinten auf dem Anhänger sitzt Martin.

Martin: *Brrr, ist das kalt …*

Fahrer: *Ja, ein grässliches Wetter ist das, Soldat Martin.*

Martin wickelt sich fest in seinen Umhang.

Martin: *Zum Glück hab ich diesen superwarmen Umhang!*

Sound: Handy klingelt. Martin geht dran.

Martin: *Hallo, hier Soldat Martin. Jawohl, wird erledigt. Zu Befehl, Herr General.*

Martin legt auf.

Martin: *Fahrer, bitte umdrehen! Wir müssen in die Stadt.*

Fahrer: *Jawoll. In die Stadt. Zu Befehl, Soldat Martin!*

Der Bobbycar dreht um und verlässt die Bühne.

Szene 2: Bettler, 4 Passanten: Ehepaar, 2 Freundinnen

Der Bettler sitzt zusammengekauert und zitternd auf einer Zeitung mitten auf der Bühne. Vor ihm steht die Bettelschale. Von der einen Seite kommt das Ehepaar Timo und Ilse Arm in Arm anspaziert. Der Bettler hebt flehend die Hände.

Bettler: *Helft mir! Liebe Leute, so helft mir doch!*

Ilse: *Timo, guck mal, ein Bettler!*
Timo: *Komm weiter, Ilse, wir wollen shoppen gehen.*
Timo wendet sich zum Bettler:
Timo: *Und du? Mach, dass du weg kommst!*
Das Ehepaar verlässt die Bühne auf der einen Seite, die zwei Freundinnen Lilly und Nina betreten die Bühne auf der anderen Seite, beide mit einem Handy vor der Nase. Der Bettler hebt flehend die Hände.
Bettler: *Helft mir! Liebe Leute, so helft mir doch!*
Nina: *Lilly, guck mal, ein Bettler.*
Bettler: *Habt Erbarmen!*
Lilly: *Nina, da kommt eben ne Whats-App-Nachricht. Ich kann jetzt nicht gucken.*
Lilly guckt kurz hoch
Lilly: *Igitt, der ist ja ganz zerlumpt!*
Nina: *Komm, Lilly, wir gehen schnell weiter!*
Lilly dreht sich zum Bettler.
Lilly: *Und du, mach, dass du hier wegkommst.*
Die Freundinnen verlassen die Bühne.

Szene 3: Bettler, Martin, Fahrer
Der Bettler sitzt und jammert.
Bettler: *Ach, was für ein Elend! Keiner hilft mir!*
Martin und der Fahrer kommen mit dem Bobbycar angefahren.
Martin: *Brrr, ist das kalt ...*
Martin wickelt sich in seinen Umhang.
Fahrer: *Ja, ein grässliches Wetter ist das, Soldat Martin!*
Martin tätschelt seinen Umhang.
Martin: *Zum Glück habe ich diesen superwarmen Umhang!*
Der Bettler hebt flehend die Hände.
Bettler: *Helft mir! Liebe Leute, so helft mir doch!*
Martin: *Fahrer, stopp! Da vorne sitzt ein Bettler.*
Bettler: *Habt Erbarmen! So helft mir doch!*
Der Fahrer hält an. Martin steigt vom Bobbycaranhänger ab und geht auf den Bettler zu.
Bettler: *So helft mir doch. Ich hab Hunger. Ich weiß nicht wohin. Und mir ist so kalt.*
Martin: *Du Armer. Komm, ich will dir helfen!*
Martin zieht den Umhang aus, zieht das Schwert – und ratsch – reißt er den Mantel auseinander und gibt dem Bettler die eine Hälfte. Der Bettler betrachtet staunend die Mantelhälfte. Inzwischen wickelt sich Martin in die andere Hälfte. Martin steigt wieder auf und der Bobbycar verlässt die Bühne.

Szene 4: Bettler
Der Bettler wickelt sich in die Decke ein.
Bettler: *Vielen Dank, Herr! Vielen, vielen Dank ... Nanu, wo ist er denn? Schon weg. So ein feiner Mensch. Er hat mir das Leben gerettet. Wie soll ich ihm nur danken. Hmm, ist der Umhang warm!*
Bettler steht auf und geht. Und kommt gefolgt von allen Beteiligten wieder auf die Bühne.

Ich bin die schönste Laterne

Ein Singspiel für eine Aufführung zur Melodie von „Ich geh mit meiner Laterne" mit einem umgedichteten Text, der erzählt, wie eine kleine rote Laterne alle anderen vergrault und es dann aber gar nicht toll findet, alleine dazustehen. Diese Aufführung wirkt am besten mit dunkel gekleideten Kindern auf einer dunklen Bühne.

Alter: ab 4 Jahren

Requisiten

Für das Stück werden verschiedene Laternen gebraucht: mehrere kleinere bunte Laternen (siehe unten, Anleitung „Kartonlaterne"), 1 rote Laterne, 1 Mondlaterne

Kartonlaterne

Alter: Vorschule
Material: leerer sauberer Milch- oder Getränkekarton (2 Liter), Stück stabile Pappe, 1 Teelicht, 1 Rundholz oder Stock (Laternenstabgröße), Klebstoff, Schere, Messer, Draht, deckende Farben, Pinsel, farbiges Transparentpapier, Nagel

Mit dem Messer oben den „Ausguss" am Karton gerade abschneiden. In den Karton Fenster oder Muster ritzen und herausschneiden. Den

Karton bunt bemalen. Wenn er trocken ist, auf der Innenseite an den Fenstern oder Mustern Transparentpapier aufkleben. Das Teelicht am Laternenboden festkleben. Elektrische Beleuchtung geht auch. Mit dem Nagel an der Oberseite der Laterne zwei sich gegenüberliegende Löcher bohren. Durch diese Löcher den Haltedraht durchfädeln und auf beiden Seiten die Enden verzwirbeln. Nun in den Stab in etwa 5 cm Höhe eine Kerbe ritzen. In diese den Aufhängedraht legen und verdrehen.

Die Aufführung

Die schönste Laterne

Textbearbeitung: S. Steffe
Melodie: traditionell „Ich geh mit meiner Laterne"
CD: Track 6

Die Kinder stehen mit ihren Laternen in einer Reihe auf der Bühne.

Die rote Laterne erscheint, stellt sich vor die anderen und singt:
Ich bin die schönste Laterne
und keine leuchtet wie ich!
Dort oben leuchten die Sterne
und unten, da leuchte ich.
|: Mein Licht allein,
mein Licht allein,
rabimmel, rabammel, rabum :|
Die rote Laterne bleibt weiter vorne stehen.
Die anderen Laternen singen:
Du bist die schönste Laterne
und keine leuchtet wie du!
Dort oben leuchten die Sterne
und unten, da leuchtest du.
|: Dein Licht allein,
dein Licht allein,
rabimmel, rabammel, rabum. :|
Die Kinder verlassen mit den Laternen die Bühne.
Die rote Laterne steht alleine da und singt:
Ich bin die schönste Laterne
und keine leuchtet wie ich!
Dort oben leuchten die Sterne
und unten, da leuchte ich.
|: Bin so allein,
bin so allein,
rabimmel, rabammel, rabum. :|
Ein Kind erscheint mit einer Mondlaterne, stellt sich neben die rote Laterne und singt:
Du bist die schönste Laterne
und keine leuchtet wie du!
Dort oben leuchten die Sterne
und unten, da leuchtest du.
|: Bist ganz allein,
bist ganz allein,
rabimmel, rabammel, rabum. :|
Die rote Laterne singt:
Ich bin die schönste Laterne
und keine leuchtet wie ich!
Dort oben leuchten die Sterne,
und unten, da leuchte ich
|: Was soll ich tun?
Was soll ich tun,
rabimmel, rabammel, rabum. :|
Die Mondlaterne singt:
Du bist die schönste Laterne
und keine leuchtet wie du!
Dort oben leuchten die Sterne
und unten, da leuchtest du.
|: Ruf sie zurück,
ruf sie zurück,
rabimmel, rabammel, rabum. :|
Die Mondlaterne geht, die rote Laterne steht alleine da und ruft:
Hallo! Hallo, liebe Laternen!
Wo seid ihr denn?
Ich will nicht mehr die Schönste sein.
Lasst uns wieder Freunde sein.
Ich fühl mich ja soooo allein.
Bitte kommt zu mir zurück!
Die Laternen tauchen alle wieder auf, bilden eine Reihe mit der roten Laterne und alle singen zusammen:
Wir sind die schönen Laternen
und leuchten zusammen mit dir!
Dort oben leuchten die Sterne,
und unten, da leuchten wir.
Wir teil'n das Licht,
wir teil'n das Licht,
rabimmel, rabammel, rabum.

Alle Jahre wieder!

Winter, Adventszeit und Weihnachten

Alle Jahre wieder beginnen mit der Aussicht auf den Advent und Weihnachten in vielen Einrichtungen die Vorbereitungen für ein Fest. Dazu gehören auch Aufführungen, bei denen die Kinder der Verwandtschaft und anderem Publikum eine Darbietung auf der Bühne präsentieren. In christlichen Einrichtungen steht meist die Vorführung eines Krippenspiels auf dem Programm, zu dem es unzählige schöne Vorlagen gibt, der hier nun keine weitere hinzugefügt werden muss.
Die ersten beiden Stücke in diesem Kapitel widmen sich dem Thema Winter. Eines davon ist ein Singspiel, mit schauspielerischen Elementen. Beide passen auch zu Weihnachtsfeiern und bieten, wie überhaupt die allermeisten Vorschläge im Buch, die Möglichkeit, Kinder anderer oder keiner Konfession mit in die Aktionen einzubeziehen. Das trifft auch für das Stück von der Wichtelwerkstatt zu, in der Vorbereitungen für Weihnachten getroffen werden, und danach gibt es noch ein klassisches „Kling Glöckchen" mit fetziger Reim-Einlage.

Herr Winterkönig und die Schneemänner

Ein winterliches Theaterstück mit Reimen und Bewegung, das sich gut für größere Winter- oder Weihnachtsfeiern eignet. Die Anzahl der Schneemänner, die zum Leben erweckt werden, ist variabel und deshalb hier nicht festgelegt. Je mehr Kinder mitmachen, desto schöner ist der Anblick für das Publikum.

Alter: König und Diener: Vorschule, Schneemänner: ab 4 Jahren

Kostüme und Requisiten

Kostüme für die Mitwirkenden

Herr Winterkönig: silberne Krone, silberglitzernder Zauberstab (siehe Seite 39), glitzernder Umhang
Diener: Hose, Hemd, Fliege, weiße Handschuhe
Schneemänner: weiße Jogginghosen (oder andere weiße Hosen mit Gummibund), weiße Oberteile gut ausgestopft (Kissen) und in die Hose gesteckt, orange geschminkte Nasen, schwarze Hüte, weiße Schminke, weiße Handschuhe
Sprecher/-in: neutrale Kleidung

Bühne

Dieses Stück wirkt besonders gut auf einer größeren „professionellen" Bühne. Es lässt sich aber auch auf jeder anderen improvisierten Spielfläche durchführen, die eben und groß genug ist, um allen Beteiligten genug Freiraum zu bieten. Auf der Bühne sollte ein Sessel oder Stuhl als Thron stehen, möglichst mit einem „königlichen" Überwurf – z. B. eine weiße Kuscheldecke mit Sternen.

Weiteres Requisit

Heulrohr

Bevor es los geht

Die Spielleitung übernimmt die Rolle des Sprechers/der Sprecherin ganz am Anfang. Sie verteilt die anderen Rollen, bereitet mit den Kindern die Bühne vor und übt mit ihnen die Texte ein. Dann heißt es üben, üben, üben ...

Die Aufführung

Herr Winterkönig sitzt auf dem Thron. In der Hand hält er den Zauberstab. Um ihn herum stehen regungslos die Schneemänner. Sprecher/-in geht auf die Bühne.

Intro
Sprecher/-in: *Der Herbst geht zu Ende, und Herr Winterkönig hat viel zu tun. Er muss schließlich dafür sorgen, dass der Winter richtig in Gang kommt. Zuerst schickt er die eiskalten Winde auf die Reise. Die pusten und pusten und pusten ... Das hört sich dann so an:*
Kinder produzieren mit dem Heulrohr hinter der Bühne Windgeheule.
Sprecher/-in: *Dann machen sich die dunklen Wolken auf den Weg und schließlich rieseln dicke Schneeflocken über's Land. Endlich ist der Winter da!*
Sprecher/-in geht ab.

Herr Winterkönig sitzt auf dem Thron. In der Hand hält er den Zauberstab. Um ihn herum stehen regungslos die Schneemänner.
König: *So. Alles erledigt. Und was mach ich jetzt? Ooohh, mir ist schrecklich langweilig.*
Diener: *Majestät, du könntest die Schneemänner zum Leben erwecken, damit sie dir die Langeweile vertreiben.*
König: *Oh, ja, das ist eine sehr gute Idee. Aber – hatte ICH die nicht schon mal?*

Diener: *Doch, doch, Majestät. Diese gute Idee hast du jedes Jahr. Und dann vergisst du sie wieder.*
König: *Ach so …*
Diener verbeugt sich. Der König steht auf. Der Diener schiebt den Thron weg.
Der König schreitet würdevoll von Schneemann zu Schneemann und berührt sie nacheinander mit seinem Zauberstab. Der Diener geht hinter ihm mit. Wer berührt wird, schüttelt gleich ganz tüchtig Arme und Beine aus.
König: *Ihr Schneemänner, seid gegrüßt. Ich bin Herr Winterkönig. Mir ist langweilig. Ich will sofort Spaß haben. Von jetzt an macht ihr alles, was ich will. Und los geht's.*
Die Schneemänner bewegen sich nach den Vorgaben in den folgenden Reimen:
König: *In die Hände klapp, klapp, klapp!*
In die Hände klapp, klapp, klapp!
Mit den Füßen tapp, tapp, tapp,
mit den Füßen tapp, tapp, tapp!
Und weiter geht's. Ähmm, ähh – verflixt, jetzt hab ich den Spruch vergessen. Diener, hilf mir doch mal!
Diener verbeugt sich.
Diener: *Jawohl, Majestät!*
Dreht euch mal im Kreis herum,
dideldadeldideldum!
Dreht euch mal im Kreis herum,
dideldadeldideldum!
Und weiter geht's:
Alle hopsen mit Gequak
Quak, quak, quak.
Quak, quak, quak.
Alle hopsen mit Gequak.
König: *Haha, ihr seht ja komisch aus, ihr Schneemänner! Was für ein Spaß! Und weiter geht's:*
Schneemänner, jetzt wird gelacht.
Wir machen eine Schneeballschlacht!
Hurra, die Bälle fliegen hier
hin und her – und auch zu mir.
Und weiter geht's. Ähmm, ähh – verflixt, jetzt hab ich schon wieder den Spruch vergessen. Diener, hilf mir doch mal!
Diener verbeugt sich.
Diener: *Jawohl, Majestät!*
Alle tanzen wild herum.
Alle tanzen wild herum.
Aber wenn der König will …
König hebt den Zauberstab hoch und zeigt damit auf die Schneemänner.
König: *Stopp – zum Schluss stehn alle still!*
Die Schneemänner „frieren ein".
König: *Vielen Dank, ihr Schneemänner. Ihr habt mir viel Spaß gemacht. Aber jetzt bin ich müde* (gähnt) *und möchte ein Schläfchen machen. Also tschüss – bis nächstes Jahr. Denn da komme ich wieder. Versprochen!*
Der König hakt sich beim Diener ein, die beiden verbeugen sich vor dem Publikum und verlassen winkend die Bühne.

Schlittschuhfahrt mit August Fridolin

Das bekannte Spiellied von August Fridolin, dem Pinguin, dient als musikalische Grundlage für eine Vorführung mit Schauspiel-Elementen, bei der auch die Kleineren „glänzen" können. Das Lied kennen viele ohnehin, und wenn nicht, ist es schnell gelernt. Die Aufführung passt sowohl für den kleinen als auch den großen Rahmen – je mehr Kinder mitmachen, desto mehr Pinguinkinder werden dann im Text eingesetzt, wobei die Zahl einsilbig sein muss, also mindestens drei wie im Original.

Alter: ab 3 Jahren

Kostüme und Requisiten

Pinguin-Kostüm

Schwarze enge Hosen oder Leggings, orangefarbene Stulpen, weißes richtig eng anliegendes Shirt, weißes Kissen oder Watte unter dem Shirt für das Pinguin-Bäuchlein, schwarzer Blazer oder Jacke, Pinguinmaske (dazu gibt es im Internet zahlreiche kostenlose Vorlagen)

Requisiten

2 textile (Boden)Putzlappen je Kind

Bevor es losgeht

Zunächst werden die Rollen verteilt: August Fridolin, Elisabeth, Pinguinkinder.

Die Kleinen üben den Pinguin-Wackelgang:

Die Kinder stellen sich gerade hin. Die Arme strecken sie nach unten und die Hände nach außen. Dann stellen sie die Fußspitzen auseinander. Die Fersen bleiben nah zusammen.

Und jetzt mal mit kleinen Schrittchen losgehen. Dabei wackelt der Körper hin und her, die Arme bleiben gestreckt.

Wenn das klappt, üben sie „Schlittschuhlaufen" auf den Tüchern. Sie stellen sich auf ihre Tücher und rutschen damit über den Boden.

Klappt das einigermaßen gut, versuchen die Kleinen das auch mal im Pinguingang.

Danach können sie „auf dem Eis" auch schon ein Tänzchen zu Musik wagen.

Die Aufführung

Ich heiße August Fridolin

Text und Musik: traditionell
CD: Track 7

Die Pinguine kommen im Wackelgang auf die Bühne, stellen sich in eine Reihe. August Fridolin singt. Bei wadi wap wap wap singen alle mit und wedeln mit den Händen.

Ich heiße August Fridolin
und bin ein kleiner Pinguin,
wadi wap wap wap,
wadi wap wap wap,
wadi wap wap wap wap wap.
Meine Frau, die heißt Elisabeth
August zeigt auf Elisabeth
und schwimmt im Wasser wie ein Fisch,
wadi wap wap wap,
wadi wap wap wap,
wadi wap wap wap wap wap.
Die Pinguine watscheln los und im Kreis herum.
August und Elisabeth voran:
Wir haben auch drei (vier, fünf, sechs, acht, zehn ...) Kinderlein,
die watscheln lustig hinterdrein,
wadi wap wap wap,
wadi wap wap wap,
wadi wap wap wap wap wap.
Wir sind Familie Pinguin,
und watscheln jetzt zum Wasser hin,
wadi wap wap wap,
wadi wap wap wap,
wadi wap wap wap wap wap.
Wenn das Lied zu Ende ist, bilden die Kinder einen Halbkreis.

August: *Nun guck mal, Elisabeth. Das Wasser ist ja zugefroren*
Elisabeth: *Kein Wunder, August Fridolin. Es ist doch Winter! Weihnachten steht vor der Tür.*
Pinguinkinder (maulend): *Und was machen wir jetzt?*
Elisabeth: *Also schwimmen können wir heute nicht.*
August: *Aber Schlittschuhlaufen! Das können wir!*
Pinguinkinder: *Oh ja, Schlittschuhlaufen, toll!*
Alle steigen auf ihre Putzlappen und tanzen herum. Zum Schluss fahren die Pinguine zur Instrumentalmusik noch eine kleine Winke-Runde und gehen dann ab.

Die klingende Wichtel-Werkstatt

Das folgende Stück entführt Kinder und Publikum in die fantastische Werkstatt der drolligen Weihnachtswichtel. Schließlich braucht der Weihnachtsmann ja Hilfe.

Auch einfache Instrumente spielen mit, deren Auswahl danach getroffen wurde, dass sie mit größter Wahrscheinlichkeit in den Bestand vieler Einrichtungen gehören. Falls nicht, lassen sie sich problemlos durch vorhandene ersetzen. Auch die Anzahl der Wichtel ist variabel, je nachdem, wie viel Platz zur Verfügung steht!

Es gibt wenig Text, denn dieses Schauspiel lebt hauptsächlich von der Art der Darstellung und der Ausdruckskraft. Wichtel sind nun mal ganz spezielle Gesellen ...

Alter: ab 4 Jahren

Kostüme und Requisiten

Kostüme für die Mitwirkenden

Wichtel: Zipfelmützen, Latzhosen
Weihnachtsmann: Weihnachtsmannkostüm

Weihnachtsgeschenke

Material: leere Schachteln, Geschenkpapier, Schere, Klebefilm, Geschenkband

Die Kinder verpacken die Schachteln hübsch als Weihnachtsgeschenke.

Weitere Requisiten

Kleiner Sack: gefüllt mit zerknülltem Zeitungspapier und einigen gefalteten Blättern, z. B. Seiten aus einem alten Schulheft
Holzschlitten mit Schnur zum Ziehen
Karton mit folgenden Instrumenten: Flöte, Tröte, Tamburin, Trommel, Zimbeln, Triangel, Trompete, Glöckchen
Werkstatt: Spielzeugwerkstatt oder improvisiert z. B. Tische, rumliegendes Werkzeug ...

Bevor es losgeht

Folgende Rollen sind zu verteilen: Weihnachtsmann, Oberwichtel, Postwichtel, Musikwichtel, Wichtel 1,2,3,4,5,6,7. Zur Übung gemeinsam Wichtel spielen: Wie verhalten sie sich? Wie könnten sie sprechen?

Die Werkstattbühne vorbereiten: Tische und Werkzeuge an den Seiten platzieren, verpackte Geschenkehäufchen verteilen.

Die Aufführung

Die Wichtel kommen auf die Bühne in ihre „Werkstatt"
Oberwichtel: *Ihr Wichtel! Bald ist Weihnachten. Es dauert nicht mehr lange ...*
Die Wichtel klatschen begeistert in die Hände und rennen auf der Bühne hin und her.
Der Postwichtel kommt mit einem Sack auf die Bühne, den er hinter sich her zerrt.
Postwichtel: *Traritrara, die Post ist da!*
Wichtel: *Die Wunschzettel! Na endlich!*
Die Wichtel klatschen begeistert in die Hände.
Postwichtel: *Muss gleich weiter, tschühüss!*
Der Postwichtel läuft schnell von der Bühne.
Ächzend und stöhnend schleppen die Weihnachtswichtel den Postsack mitten auf die Bühne und holen Zettel raus. Dann setzen sie sich um den Sack herum. Sie „lesen" Wunschzettel und murmeln laut vor sich hin ...
Wichtel: *Murmel, murmel, murmel, murmel*
Der Weihnachtsmann kommt auf die Bühne und zieht einen Schlitten hinter sich her.
Weihnachtsmann: *Hoho, ihr Wichtel. Bald ist Weihnachten!*
Die Wichtel klatschen in die Hände und hopsen vor Freude von einem Bein aufs andere.
Der Musikwichtel kommt mit dem Instrumentenkarton auf die Bühne.
Musikwichtel: *Hier sind die Instrumente. Die müssen noch ausprobiert werden.*
Wichtel 1: *Jaja. So klingt die Flöte:* **(Flötenton)**
Wichtel 2: *Jaja. So klingt die Tröte:* **(Trötenton)**
Wichtel 3: *So klingt das Tamburin:* **(Tamburinton)**
Wichtel 4: *Die kleine Trommel hört sich so an:* **(Trommelton)**
Wichtel 5: *So klingen Zimbeln:* **(Zimbelton)**
Wichtel 6: *So die Triangel:* **(Triangelton)**
Wichtel 7: *Und so hört sich eine Trompete an.*
Wichtel 7 bläst in die Trompete, dann folgt Stille.
Alle: *Huch.*
Weihnachtsmann: *Hoho! Ich zeig euch mal, wie das geht!"*
Der Weihnachtsmann bläst ganz, ganz fest in die Trompete. es ertönt ein ganz schreckliches pfffffffffffffftrööt –
Alle Wichtel: *Huuu, nein, nein, nein!*

Die Wichtel rennen schnell davon, um sich zu verstecken.
Weihnachtsmann: *He, alle zurückkommen!*
Die Wichtel lugen vorsichtig auf die Bühne und kommen wieder zurück.
Weihnachtsmann: *Hoho, ihr Wichtel. Jetzt müssen wir den Schlitten beladen, hoho.*
Die Wichtel schieben Geschenkekartons herum und stapeln sie ganz eifrig auf dem Schlitten ... aber dann wackelt der Turm und kracht zusammen.
Wichtel: *Oh, oh, oh! Au weia!*
Die Wichtel stapeln noch mal, aber diesmal richtig.
Weihnachtsmann: *Hoho, gut gemacht, ihr Wichtel. Und jetzt geht's los.*
Die Wichtel ziehen den Schlitten von der Bühne. Der Weihnachtsmann folgt ihnen winkend.
Alle: *Fröhliche Weihnachten! Fröhliche Weihnachten!*
Draußen lassen sie Glöckchen klingeln. Erst lauter, dann immer leiser (Klingelingeling).

Kling Glöckchen & Gedicht

Die Kinder summen oder singen gemeinsam zwei Strophen eines bekannten Weihnachtsliedes. Danach geben mehrere Kinder einen kleinen Solopart zum Besten, indem sie die Reimzeilen rhythmisch sprechen. Das kommt bei jeder weihnachtlichen Veranstaltung auf der Bühne gut an.

Alter: ab 4 Jahren

Die Aufführung

Kling Glöckchen

Text: Susanne Steffe
Musik: traditionell
CD: Track 8

Alle: *Kling, Glöckchen, klingelingeling. Kling, Glöckchen, kling ...*
Solo: *Ja, es ist wieder soweit. Und wir alle sind bereit! Wir freuen uns wie jedes Jahr auf die schöne Weihnachtszeit.*
Alle: *Kling, Glöckchen, klingelingeling. Kling, Glöckchen, kling ...*
Solo: *Im Advent, ja, im Advent, wenn das erste Kerzlein brennt, dann fangen wir zu backen an: Ich back mir einen Weihnachtsmann.*
Alle: *Kling, Glöckchen, klingelingeling. Kling, Glöckchen, kling ...*
Solo: *Bald kommt der liebe Nikolaus. Ich stell schon mal die Stiefel raus. Da passen mehr Geschenke rein als in die Schuhe klitzeklein.*
Alle: *Kling, Glöckchen, klingelingeling. Kling, Glöckchen, kling ...*
Solo: *Ich hol' schon mal 'nen Zettel raus. Mama schreibt meine Wünsche drauf: Ein neues Fahrrad wär' ja toll, aber der Zettel ist schon voll.*
Alle: *Kling, Glöckchen, klingelingeling. Kling, Glöckchen, kling ...*

Hoch sollst du leben

Viel Theater zum Geburtstag

Der Geburtstag ist für Kinder ein ganz außergewöhnliches Ereignis, dem sie schon lange vorher entgegen fiebern. Noch fünfmal schlafen, noch viermal, usw. Endlich ist es dann soweit. Und in unserem Kulturkreis wird der Geburtstag nicht nur zu Hause, sondern auch im Kindergarten gebührend gefeiert. Zu diesem Zweck bieten die folgenden Seiten ganz viel Theater mit und rund um Geburtstagskinder: eine Reise auf dem fliegenden Teppich, Plüschtier- und Kasperletheater zur Gestaltung von kleinen und größeren Aufführungen, die diesen ganz besonderen Tag für alle zu einem hoffentlich unvergesslichen Erlebnis machen, sei es im Kindergarten oder auch im privaten Bereich.

Auf dem fliegenden Teppich zum Geburtstagsschloss – kleines Geburtstagstheater

Eine bewegende Mitmach-Aktion für die Geburtstagsfeier im Kindergarten oder auch in einem anderen Rahmen in Form einer virtuellen Reise mit der zauberhaften Spielleitung Aladine und einem wahrlich süßen Ende

Alter: ab 4 Jahren

Kostüme und Requisiten

Kostüme für die Mitwirkenden

Spielleitung als Aladin(e): orientalisch anmutender Morgenmantel o. Ä., glitzernder Turban (Tuch)

Zauberhaftes Geburtstagsschloss

Die Umsetzung ist nicht wirklich aufwendig und das Ergebnis ist wunderschön. Die Kinder können dabei gut mithelfen.

Alter: ab 5 Jahren
Material: 2 Tortenböden (Ø 24 cm), 4 Schaschlikstäbe, Schüssel, Backpinsel, Messer, Brettchen, Teller, runde Keks-Ausstecher, Trinkglas

für die Glasur: 500 g Puderzucker, 5 EL Zitronensaft, 5 EL roter Sirup

Verzierung: 1 Päckchen bunte Zuckerkügelchen, 4 Eiswaffelhörnchen für die Türme, 6 weiße Mini-Schaumküsse, 1 Päckchen bunte Schokolinsen

Glasur: Alle Zutaten miteinander verrühren, bei Bedarf Puderzucker oder Flüssigkeit dazugeben, bis die Glasur die Konsistenz von flüssigem Honig hat.

Zuckerkügelchen auf einen Teller leeren. Waffelhörnchen mit einem Backpinsel mit Glasur bestreichen, im Teller mit den Zuckerkügelchen herumdrehen. Antrocknen lassen.

Für die Türme acht kleine und eine größere Kreisform aus einem Kuchen ausstechen.

Den anderen Kuchen mit Glasur bestreichen. Den größeren Kreis in die Mitte setzen. Die erste Lage der Türme (kleine Form) wie Burgtürme um den größeren Kreis herum aufsetzen und mit etwas Glasur übergießen. Die zweite Lage draufstellen, mit wenig Glasur übergießen. Schaumküsse drum herum platzieren.

Die Spieße vorsichtig in die Türme und den Boden stecken und die Waffelhörnchen drüberstülpen. Smarties mit Glasur auf die Turmspitzen und auf die Schaumküsse kleben.

Weitere Requisiten

1 großer „orientalischer" Teppich oder 1 Decke

Die Aufführung

Orientalisches Simsalabim

Melodie: D. Ferber
CD: Track 9

Die Spielleitung übernimmt die Rolle der Aladine (oder des Aladins, falls es ein Mann sein sollte). Die Kinder (Geburtstagskind und Freunde) folgen den Anweisungen.

Aladin(e): *Liebes Geburtstagskind. Bitte setz dich auf diesen wunderschönen Teppich. Liebe Freunde – nehmt Platz! Wir reisen jetzt mit dem fliegenden Teppich ins Geburtstagsland. Denn dort steht für (Name des Geburtstagkindes einsetzen) ein zauberhaftes Geburtstagsschloss!*
Alle Kinder setzen sich in Reihen hintereinander

ebenfalls auf den Teppich. Die Musik wird im Hintergrund in angenehmer Lautstärke zugespielt.

Aladin(e): *Achtung, Achtung. Die Reise beginnt. Wir fliegen jetzt in ein wunderbares Geburtstagsland. Achtung - haltet euch gut fest – es geht los.*

Nix passiert.

Aladin(e): *Oh, der gute alte Teppich hat manchmal Schwierigkeiten beim Start. Dann braucht er einen Zauberspruch! Ich spreche vor, und ihr sprecht nach. Sonst klappt das nicht.*

Die Spielleitung spricht jede Zeile vor. Die Kinder sprechen nach:

Teppich, lös dich von der Erde,
flieg so schnell wie Zauberpferde.
Schwebe in die Luft hinein,
bald wirst du am Ziel schon sein!

Aladin(e): *Super! Jetzt fliegt der Teppich los. Und wir fliegen alle mit. Haltet euch aneinander fest, damit ihr nicht runterpurzelt, und werft nochmal einen Blick zurück auf unsere gute alte Erde! Gleich fliegen wir über die Wolkenberge, duckt euch runter, damit euch die Ohren nicht abfrieren!*

Oh, der Teppich kommt nicht richtig hoch. Lehnt euch alle nach hinten.

Huch, was ist denn jetzt los? Unser Teppich hüpft ja. Und wir hüpfen mit.

Aaah, ich verstehe. Der Teppich freut sich. Bald sind wir angekommen. Haltet die Hand vor die Augen.

Könnt ihr das Schloss schon sehen?

Jetzt wird der Kuchen hereingetragen und auf den Geburtstagstisch gestellt.

Aladin(e): *So! Der Teppich ist im Landeanflug. Beugt euch ein wenig nach vorne. Gleich landen wir. – Geschafft.*

Alle stehen wieder auf.

Aladin(e): *Liebes Geburtstagskind. Die Reise ist nun zu Ende. Und da vorne steht dein Geburtstagsschloss. Ist es nicht süß?*

Und jetzt: Alle singen mit!

Zum Schluss singen alle noch ein Geburtstagslied.

Ich hab dir ein Geschenk mitgebracht – entzückendes Kuscheltiertheater

Das folgende Spielstück rund um ein Geburtstagskind und seine Geschenke wird mit Kuscheltieren aufgeführt. Die Kinder bleiben sichtbar und agieren für „ihr“ jeweiliges Tier. Die Auswahl der Tiere muss sich dabei nicht zwingend nach der Vorgabe richten, sondern kann je nach Fundus variiert werden. Wichtig für den Plot ist nur, dass das Geburtstagskind von einem Tier dargestellt wird, das am liebsten Möhren futtert, wie hier der Hase. Bemerkenswert bei dieser Spielart ist, wie viel Eigenkreativität die Kinder entwickeln, je öfter sie das Stück spielen. Da die ganz einfachen Sprechparts auf Wiederholung basieren, haben die Kinder auch kein Problem damit, sich den jeweiligen Text einzuprägen.

Alter: ab 5 Jahren

Requisiten

Plüschtiere (Hasi Hase, Leo-Löwe, Brommi-Bär, Miezi-Katzi; Piepsi-Maus o.Ä.), 1 Decke, Geschenke, alle mit Schleifen drum (Knochen mit Schleife, Honigtopf, Dose Fisch ...) und 1 dicke Karotte in einem Jutebeutel

Bevor es losgeht

Die Spielleitung probiert mit den Kindern aus, wie die einzelnen (Plüsch-)Tiere sprechen könnten. Denn ein Bär piepst eigentlich nicht ... und eine Maus wird wohl kaum brummen. Das heißt, dass die tierischen Charaktere durch die entsprechende Sprechweise auch ihre Eigenart bekommen.

Die Aufführung

Hasi Hase liegt zugedeckt und schnarcht.
Hasi: *ZZzzzzz.*
Hasi wacht auf.
Hasi: *Juhuuu! Heute hab ich Geburtstag. Ob ich wohl Geschenke bekomme?*
Hasi kommt unter der Decke hervor.
Hasi: *Ich wünsch mir eigentlich nur eine dicke, fette Möhre.*
Leo-Löwe kommt zu Besuch.
Hasi: *Oh, Besuch!*
Leo-Löwe: *Alles Gute zum Geburtstag, Hasi Hase! Guck mal, ich hab dir ein Geschenk mitgebracht.*
Leo überreicht Hasi einen großen Knochen mit einer Schleife drum.
Leo-Löwe: *Den hab ich extra für dich aufgehoben, Hasi. Mein Lieblingsknochen!*
Hasi: *Äh, uh, oh, ja toll. Vielen Dank Leo, das ist ein großartiges Geschenk!*
Leo-Löwe: *Ja dann, tschüss Hasi!*
Hasi: *Tschüss Leo.*
Leo geht. Bär Brommi erscheint.
Hasi: *Oh, noch mehr Besuch!*
Brommi: *Alles Gute zum Geburtstag, Hasi Hase! Guck mal, ich hab dir ein Geschenk mitgebracht.*
Brommi überreicht Hasi einen Pott Honig mit einer Schleife drum.
Brommi: *Den hab ich extra für dich aufgehoben, Hasi. Mein Lieblingshonig!*
Hasi: *Äh, uh, oh, ja toll. Vielen Dank Brommi. das ist ein großartiges Geschenk!*
Brommi: *Ja dann, tschüss Hasi!*
Bär Brommi geht. Miezikatzi erscheint.
Hasi: *Oh, noch mehr Besuch!*
Miezi: *Alles Gute zum Geburtstag, Hasi Hase!*
Hasi: *Oh, danke, Miezikatzi*
Miezi: *Guck mal, ich hab dir ein Geschenk mitgebracht.*
Miezi überreicht Hasi eine Dose Fisch mit einer Schleife drum.
Miezi: *Mein Lieblingsfisch! Den habe ich extra für dich aufgehoben, Hasi!*
Hasi: *Äh, uh, oh, ja toll. Vielen Dank Miezi, das ist ein großartiges Geschenk!*
Miezi: *Ja dann, tschüss Hasi!*
Hasi: *Tschüss Miezi!*
Miezikatzi geht. Piepsi Maus erscheint und schleppt einen schweren Sack.
Hasi: *Oh, noch mehr Besuch!*
Piepsi: *Uff! Alles Gute zum Geburtstag, Hasi Hase! Guck mal, ich hab dir ein Geschenk mitgebracht.*
Piepsi Mausi überreicht Hasi den Sack. Hasi holt die Möhre raus.
Piepsi: *Meine Lieblingsmöhre! Die hab ich extra für dich aufgehoben, Hasi!*
Hasi hopst vor Freude und umarmt Piepsi.
Hasi: *Ohhhhhhhhhh. Mhhh ... Miamm ... Genau so eine habe ich mir gewünscht. Vielen Dank, Piepsi Mausi. Das ist ein großartiges Geschenk!*
Piepsi: *Ja dann, tschüss Hasi!*
Hasi: *Ach nein, Piepsi, bleib doch bei mir. Lass uns zusammen meinen Geburtstag feiern! Und die Möhre, die teilen wir uns.*
Piepsi: *Hmmm. Da sag ich nicht nein.*
Hasi: *Super! Und die anderen Tiere sollen auch mitfeiern! Zu Essen ist ja für alle genug da!*
Alle Tiere kommen zurück und hopsen fröhlich herum.

Kasperle hat Geburtstag

Kasperle hat Geburtstag und lädt seine Freunde zur Großmutter ein, die extra eine leckere Schokoladensahnetorte zubereitet. Das bekommt das Krokodil mit. Und dann ...

Da in dieser Geschichte in jeder Szene außer der Kasperlefigur wechselnde Figuren agieren, ist es recht einfach für die einzelnen PuppenspielerInnen, sich die Rollentexte zu merken, die zudem aus vielen Wiederholungen bestehen.

Den meisten Text muss das Kasperle sich merken. Aber auch das wird erleichtert durch den klaren Handlungsstrang in der Geschichte.

Alter: Kasperle und Krokodil: Vorschule

alle anderen: ab 4 Jahren

Requisiten

Kasperletheater und Handpuppen: Kasperl, Großmutter, Seppl, Gretl, Krokodil, Polizist

Die Aufführung

Szene 1: Kasperl, Großmutter

Kasperl erscheint und tanzt fröhlich herum.

Kasperl: *Tritratrullalla, tritratrullala, Kaperle ist wieder da.*

Die Großmutter erscheint.

Großmutter: *Hallo Kasperl!*

Kasperl: *Hallo Großmutter!*

Großmutter: *Kasperl, ich wünsch dir alles Gute zum Geburtstag!*

Kasperl: *Wie, wo, was? Wer hat Geburtstag?*

Großmutter: *Na, du!*

Kasperl: *Ich? Oha! Na sowas. Kinder, habt ihr gehört? Ich hab Geburtstag!*

Großmutter: *Ja, Kasperl, und wir feiern ein Fest. Heute Nachmittag um drei!*

Kasperl: *Au ja! Mit Sahnetorte?*

Großmutter: *Mit Schokoladensahnetorte!*

Großmutter geht, Kasperl hopst vor Freude.

Szene 2: Kasperl, Seppl

Kasperl: *Hm, Kinder, wen soll ich denn zum Fest einladen? Den Seppl?*

Seppl erscheint.

Kasperl: *Hallo Seppl!*

Seppl: *Hi Kasperl!*

Kasperl: *Du, Seppl. Weißt du was?*

Seppl: *Was weiß ich?*

Kasperl: *Gar nichts weißt du!*

Seppl: *Ja, das weiß ich!*

Kasperl: *Du, Seppl. Ich hab heute Geburtstag.*

Seppl: *Eeeecht? Gibt's Kuchen?*

Kasperl: *Ja, Seppl, Großmutters Schokoladensahnetorte!*

Seppl: *Mhh, Großmutters Schokoladensahnetorte! Lecker. Also tschüss Kasper, bis nachher!*

Kasperl: *Tschüss Seppl!*

Seppl verschwindet.

Szene 3: Kasperl, Krokodil

Kasperl: *Hm, wen kann ich noch einladen? Die Gretel? Die Gretel liebt Schokoladensahnetorte.*

Das Krokodil erscheint.

Krokodil: *Miamm, Miamm, was hab ich da gehört? Schokoladensahnetorte?*

Kasperl: *Was willst du denn hier?*

Krokodil: *Ich will Schokoladensahnetorte! Ganz viel Schokoladensahnetorte!*

Kasperl: *Tut mir leid, ich hab keine Torte.*

Krokodil: *Und was hab ich da vorhin gehört? Ich hab doch was gehört!*

Kasperl: *Ähm, nein, nein.*

Krokodil: *Und du hast bestimmt nicht Schokoladensahnetorte gesagt?*

Kasperl: *Ich? Nein, nein, nein, liebes Krokodil. Ganz bestimmt nicht!*

Krokodil: *Na gut, ich glaub dir. Aber sieh dich vor – sonst komm ich wieder und dann fress ich dich.*

Krokodil geht ab.

Szene 4: Kasperl, Krokodil, Polizist
Kasperl: *Uff, Glück gehabt. Weg ist das Krokodil.*
Kasperl tanzt herum.
Kasperl: *Trullalla, trullala, aber ja, Sahnetorte trullalla, hahah, wunderbar!*
Das Krokodil erscheint
Krokodil: *Ich will Sahnetorte! Ganz viel Schokoladensahnetorte.*
Kasperl: *Tut mir sehr leid, Krokodil, aber ich hab keine Torte.*
Krokodil: *Und was hab ich da vorhin gehört? Ich hab doch was gehört! Du hast Sahnetorte gesagt!*
Kasperl: *Ich? Nein, nein, nein, liebes Krokodil. Ganz bestimmt nicht!*
Krokodil: *Ich hab aber Hunger*
Das Krokodil sperrt das Maul auf ...
Kasperl: *Hilfe! Hilfe!*
Der Polizist erscheint.
Polizist: *Was ist denn hier los?*
Kasperl: *Hilfe, das Krokodil will mich fressen!*
Krokodil: *Stimmt doch gar nicht. Ich will Schokoladensahnetorte!*
Polizist: *Krokodil, du bist verhaftet.*
Krokodil: *Och nee. Muss das sein?*
Polizist: *Jawohl, das muss sein.*
Polizist und Krokodil gehen ab.

Szene 5: Kasperl, Gretl, Seppl
Kasperl hopst herum.
Kasperl: *Schokoladensahnetorte! Ja, ja, ja. Sahnetorte trullalla!*
Gretl kommt mit Seppl
Alle: *Juhuu. Auf zur Großmutter.*
Alle tanzen singend davon:
Alle: *Tri tra trullalla, trullala, Sahnetorte trullalla, hahaha, wunderbar.*

Helau, Alaaf

Karnevals- & Narrentheater

Willkommen zum Kinderkarneval. In diesem Kapitel wird die fünfte Jahreszeit mit einem bunten Programm gefeiert.
Da jüngere Kinder nicht gerne lange still sitzen, sich aber ohne Anleitung auch schnell langweilen, hat sich für Kinderveranstaltungen während der närrischen Tage eine gute Mischung aus Unterhaltung und Aktionen im Saal bewährt, die das Publikum zur Beteiligung auffordern. Wenn der Spannungsaufbau so gestaltet ist, dass es immer einen Wechsel gibt zwischen Aufführungen von Kindern bzw. Kindergruppen auf der Bühne und angeleiteten Aktionen im Saal, ist der Erfolg so gut wie sicher.
An diesem Grundkonzept orientieren sich die folgenden karnevalistischen Angebote. Diese sind als Vorschläge gedacht, die sich je nach gegebenen Voraussetzungen wie Anzahl der Kinder, Größe und Ort der Veranstaltung beliebig zusammenstellen lassen.
Wichtig ist eine gute Moderation durch eine ebenfalls kostümierte Spielleitung, die in der Lage ist, den Kindern ganz klar zu vermitteln, was „abgeht" und sie vor allem dazu animiert, mit Begeisterung mitzumachen.

Eröffnungspolonaise

Die Polonaise ist nicht umsonst als klassische Eröffnung von Karnevalsveranstaltungen so beliebt. Sie bringt die Festgäste auf recht einfach Weise zuverlässig in Stimmung

Alter: für alle

Die Aufführung

Samba-Polonaise

Melodie: H. Höfele
CD: Track 10

Die Kinder ziehen zur Musik als Polonaise durch den Saal. Die Spielleitung sagt von der Bühne aus die Formationen an und animiert zum Mitsingen:

- Die Kinder stellen sich zu zweit auf.
- Zu zweit ein Tor bilden
- Alle gehen paarweise durch und bilden hinter dem letzten Tor auch wieder ein Tor
- Sind alle zum Tor geworden geht das erste Tor gebückt durch alle anderen durch und läuft weiter durch den Saal. Die anderen folgen nach und nach.
- Die Paare trennen sich und laufen im großen Bogen durch den Saal ...
- ... am anderen Ende treffen sie sich wieder.

Schwarz & Weiß - ein komisches Tänzchen

Dieser „Tanz“ sieht witzig aus und sorgt bei jeder Faschingsveranstaltung für große Begeisterung. Wenn er von Kindern im Kindergartenalter auf der Bühne aufgeführt wird, bleibt bei den Zuschauerinnen und Zuschauern kein Auge trocken.

Alter: ab 5 Jahren
Anzahl: 6 Kinder
Musik: Karnevalsmusik, z. B. Track 10

Kostüme

weiße und schwarze Strumpfhosen, weiße Oberteile

Bevor es losgeht

Zur ausgewählten Musik entwickelt die Spielleitung eine ganz einfache Choreographie zu den unten aufgeführten Bewegungsvorschlägen und übt mit den Kindern. Da alle Tanzkinder durch die Strumpfhosen zusammenhängen (siehe Seite 64), brauchen sie ein wenig Zeit, um ein Gefühl für diese koordinierte Art der Bewegung zu entwickeln.

Die Aufführung

In einer Strumpfhose steckt je ein Bein von zwei Kindern. Mit den Händen halten sie die Strumpfhosen fest. Die Kinder stellen sich in einer Reihe auf und die Aufführung beginnt:

- Die Truppe kommt im Seitstellschritt auf die Bühne.
- Und schunkelt erst mal hin und her.
- Die Kinder gehen einen Schritt vor und wieder zurück.
- Sie heben alle das weiße Bein.
- Sie heben alle das schwarze Bein.
- Zur Musik gehen die Kinder einen Schritt vor und wieder zurück.
- Sie ziehen die weißen Knie hoch.
- Sie ziehen die schwarzen Knie hoch.
- Zur Musik gehen die Kinder einen Schritt vor und wieder zurück.
- Sie schlenkern die weißen Unterschenkel im Kreis.
- Sie schlenkern die schwarzen Unterschenkel im Kreis ...

Der Purzelbaum

Ein auf der Bühne gezeigter Purzelbaum kann, wenn er nicht so recht gelingen will, eine absolute Lachnummer sein. In der folgenden Beschreibung tritt ein einzelner Clown mit einer Turngruppe auf, es können aber auch mehrere sein, je nachdem, wie groß die Kindergruppe ist.

Alter: Clown: Vorschulalter; Turnkinder: ab 4 Jahren

Kostüme und Requisiten

Kostüme für die Mitwirkenden

Turnkinder: Turnklamotten
Clown: turnfreundliche Clown-Verkleidung mit Hosenträgern

Requisiten:

Turnmatten

Die Aufführung

Die Turnkinder stellen sich in einer Reihe vor der Turnmatte auf.

Der Clown drängelt sich bis zur dritten Stelle vor.

Aufgabe ist ein Purzelbaum.

Die ersten zwei Kinder zeigen ihn perfekt.

Dann ist der Clown dran: Er geht in Position, läuft los und rennt einfach über die Turnmatte drüber.

Alle lachen über ihn, und weil ihn das so ärgert, versucht er es gleich noch mal.

Diesmal verunglückt der Purzelbaum und endet mit großem Gestrampel.

Schließlich versuchen ihm zwei Turnkinder zu helfen, indem sie ihn an den Hosenträgern packen und schieben und ziehen und zerren. (Dabei darf der Clown ruhig laut jammern. Oh je!)

Schniefend gibt der Clown auf, stellt sich hinten wieder an und trippelt ungeduldig, bis er wieder drankommt.

Die Turnkinder zeigen nacheinander ihre Purzelbäume.

Als Letzter ist der Clown wieder dran: Er rast los, macht schnell einen perfekten Purzelbaum – guckt ungläubig – und saust schnell davon.

Die närrische Modenschau

Topmodel-Shows im TV werden häufig geguckt und auch gerne nachgespielt. Dieser Trend lässt sich in Form einer verrückten Modenschau für eine Faschings-Vorstellung nutzen. Mit der folgenden Nummer können auch die ganz Unerfahrenen nicht viel falsch machen und doch schon allein wegen ihres Aussehens genügend Lacher als motivierendes Erfolgserlebnis einheimsen!

Die närrische Modenschau beginnt mit einer witzigen Bühnenpräsentation, die dann in einen „öffentlichen" Kostümwettbewerb für die Kinder im Publikum übergeht.

Alter: ab 4 Jahren

Musik: Laufstegmusik, z. B. moderne Popsongs

Requisiten

großes Taschentuch, Klebeband, Schere

Bevor es losgeht

Mit Klebeband auf der Bühne einen „Laufsteg" markieren. Die verrückte Modenschau üben.

Die Aufführung

Mehr oder weniger im Takt zur Musik laufen alle verkleideten Mitwirkenden hintereinander auf dem „Catwalk" ein. Dabei versuchen sie, genau wie die schönen hochnäsigen Topmodels zu laufen: Kopf hoch – Nase hoch!

Mindestens ein „Clown" tanzt beim geordneten Einmarsch immer wieder aus der Reihe.

Ein anderer winkt huldvoll mit einem riesigen Taschentuch.

Am Ende des „Steges" wird aus einer eleganten Drehung heraus das Kostüm gezeigt – dabei lässt es sich z. B. sehr gut „beinah" stolpern.

Beim Mantel- oder Jacke-Aufschlagen macht ein Kind z. B. mit einer sehr raumgreifenden Geste die Jacke unentwegt auf-zu-auf-zu ... Dann geht es weiter mit einem albernen Hüftschwung ...

Dem nächsten fällt die Hose oder der Rock runter und er versucht krampfhaft, diese festzuhalten.

Der Hintermann hopst herum.

Aber alle machen einen auf sehr, sehr elegant: „Einmal hin – einmal her – sind wir nicht schööööön?"

Die Kinder tänzeln von der Bühne.

Die Spielleitung übernimmt dann die Moderation des Kostümwettbewerbes und ruft die ersten fünf (oder zehn) Kandidaten auf die Bühne.

Diese dürfen nun ebenfalls auf dem Laufsteg ihr Kostüm präsentieren, wenn sie möchten.

Ansonsten stellen sie sich zur Ansicht hin und drehen sich einmal im Kreis.

Das Publikum entscheidet durch Applaus, wer im Wettbewerb weiterkommt.

Dann dürfen die nächsten Kandidaten auf die Bühne.

Zum Schluss treten dann die „Gruppensieger" an.

Boogie Woogie

Ein ideales Karnevals-Mitmachlied. Eine Kindergruppe tanzt im Kreis und das Publikum klatscht mit. Wenn im Saal genug Platz ist, kann das Publikum auch einen eigenen Tanzkreis bilden.

Alter: ab 4 Jahren

Die Aufführung

Alle TänzerInnen gehen singend in gemäßigten Schritten im Kreis herum. Dabei machen sie die beschriebenen Bewegungen mit: Bei Boogie Woogie die Hände in die Hüften stemmen und dabei die Hüften hin und her bewegen. Dann dreimal rhythmisch in die Hände klatschen. Die im Liedtext beschriebenen Körperteile jeweils in die Kreismitte strecken.

Boogie Woogie

Melodie: Edwin Pearce Christy (1815–1862)
Text: überliefert
CD: Track 11

Boogie Woogie
Boogie Woogie
Boogie Woogie
Heut tanzen wir im Kreis.
Boogie Woogie
Boogie Woogie
Boogie Woogie
Heut tanzen wir im Kreis.
Erst zeigt der rechte Arm hinein,
dann zeigt der linke Arm hinein.
Dann drehen wir uns schnell im Kreis
und schütteln ihn ganz kräftig aus.
Wir laufen in die Mitte
und wir wechseln unsern Platz.
Und alle machen mit.

Verschiedenste Körperteile können jeweils in die Mitte gestreckt werden: Po, Ellenbogen, Ohr usw. – alle Körperteile aufzählen, bis zuletzt der gesamte Körper in die Kreismitte springt.

Klepper-Schepper-Rassel-Tschingderassabum-Schlusspolonaise

Fastnachtsveranstaltungen enden oft wie sie begonnen haben – mit einer Polonaise. Mit Kramchmach-Instrumenten wird nochmal richtig Rabatz gemacht.

Alter: für alle

Requisiten

Krachmachinstrumente, z. B. Rasseln, Blechtrommeln, Topfdeckel, Kochtöpfe und -löffel

Die Aufführung

Die Kinder marschieren mit Krachmachinstrumenten im Kreis herum. Die Spielleitung marschiert voran und skandiert dabei rhythmisch den Fasnachts-Polonaise-Reim:

Zu Karneval, zu Karneval,
da gibt's Musik mit viel Krawall.
Und wir gehen Schritt für Schritt,
alle Kinder machen mit.
Eins – zwei – drei,
alle sind dabei.
Tschingderassa, tschingderassa, tschingderassa, bumm
so laufen wir gemeinsam jetzt im Kreis herum.

Nach einer Kreisrunde wechselt die Krachmacherbande zum Beispiel zu einer langen Polonaise-Schlange, die im Raum herummarschiert.

Fröhliche Ostern

Viel Hasentheater um die Ostereier

Wenn das Osterfest naht und damit auch die Fastenzeit zu Ende geht, dann riecht es draußen schon nach Frühling. Es wird wärmer, die Natur erwacht, die Blümelein beginnen zu blühen und die Kinder streben an die frische Luft. Mit etwas Glück können die ersten Feste schon draußen stattfinden. Kann aber auch sein, dass es dann wieder zu schneien beginnt und die fleißigen Osterhasen nicht wissen, ob sie die Ostereier nicht doch lieber drinnen verstecken sollen. Von Osterhasen handeln auch die zwei Rollenspiele in diesem Kapitel, die beide so aufgebaut sind, dass viele Kinder mit winzigen Textrollen mitmachen können. Beide Stücke können auf kleinen oder großen Bühnen gespielt werden.
Da es aber ohne Hühner auch keine Ostereier gäbe, können die Kinder zum Osterfest auch noch einen witzigen Eiertanz zum Besten geben.

Ostern in Gefahr

Der Osterhase hat Hunger – und wenn er keine Möhre bekommt, kann er keine Ostereier für die Kinder verstecken.

Ein Rollenspiel mit einem Hasen, drei Wichteln und einer Waldhexe. Es können bei diesem Stück auch so viele Wichtel mitspielen, dass jeder nur noch einen Satz zu sprechen hat. Das Gewusel auf der Bühne ist dann auch recht spaßig anzusehen.

Alter: ab 4 Jahren

Kostüme und Requisiten

Kostüme für die Mitwirkenden

Osterhase: Ohren (siehe unten), Korb mit bunten Eiern
Drei Wichtel: Zipfelmützen, Latzhosen, rot geschminkte Bäckchen
Hexe: Kopftuch, Rock mit Tasche, darin eine Möhre und ein Zauberstab, Besen

Hasenohren

Material: dünner Karton (weiß und braun), brauner Kartonstreifen (4 x 50 cm), Tacker, Schere, Stift

Den braunen Kartonstreifen um den Kinderkopf legen, an den Kopfumfang anpassen und mit dem Tacker zu einem Stirnband verschließen. Die Kinder malen zwei lange Hasenohren auf braunes Tonpapier auf und schneiden sie mit der Schere aus. Die Ohren tackern sie dann an das Stirnband.

Die Aufführung

Der Osterhase hopst mit dem Eierkorb auf die Bühne und kniet sich hin.
Hase: *Oh, Ich habe ja soooo einen Hunger, ich brauch dringend ne Möhre.*
Drei Waldwichtel tauchen auf. Jeder versucht, sich hinter dem anderen zu verstecken. Alle tuscheln:
Wichtel 1: *Guckt mal da!*
Wichtel 2: *Was'n das?*
Wichtel 3: *Wer is'n das?*
Wichtel 1: *Warum is das hier?*
Wichtel 2: *Huch!*
Wichtel 3: *Psst!*
Die Wichtel schubsen sich gegenseitig. Der Hase erschrickt.
Hase: *Hilfe, Hilfe!*
Wichtel 1: *Huhu.*
Wichtel 2: *Was bist'n du?*
Hase: *Ich bin der Osterhase.*
Wichtel 1: *Oh!*
Wichtel 2: *Ach so.*
Hase: *Und wer seid ihr?*
Wichtel 3: *Wir sind Waldwichtel.*
Wichtel 1: *Was machst'n hier, du Osterhasi?*
Hase: *Ich muss für die Kinder Ostereier verstecken. Die warten schon. Aber ich schaff das nicht.*
Wichtel 2: *Warum?*
Hase: *Hab Hunger. Will Möhre.*
Wichtel 1: *Oh, oh Ostern ist in Gefahr.*
Hase: *Will Möhre!*
Alle Wichtel: *Und jetzt?*
Hase: *Ostern ist in Gefahr.*
Alle Wichtel: *Oh nein, nein, nein. Wie furchtbar. Wie schrecklich!*
Hase: *Will Möhre!*
Wichtel 1: *Schnell! Wir rufen die Waldhex. Los, alle zusammen:*
Alle Wichtel: *Huhu, Waldhex Hex, Hex!*
Die Hexe erscheint auf der Bühne.
Hexe: *Wer hat mich gerufen? Oh, ihr lästigen Waldwichtel. Was wollt ihr von mir?*
Alle Wichtel: *Nur eine Möhre!*
Hexe: *Eine Möhre? Wieso denn das?*
Alle Wichtel zeigen auf den Hasen. Die Hexe begutachtet den Hasen.
Hexe: *Bist du etwa – der Osterhase?*

Hase: *Ähm, ja …*
Hexe: *Warum sitzt du hier rum? Du musst Ostereier verstecken!*
Hase: *Kann nicht. Hab Hunger. Will Möhre.*
Hexe: *Verstehe! Ostern ist in Gefahr!*
Die Hexe zieht den Zauberstab aus der Tasche.
Hexe: *Hokus, Pokus, eins, zwei, drei, Möhre in der Tasche sei!*
Die Hexe zieht die Möhre aus der Tasche und gibt sie dem Hasen. Der Hase nimmt die Möhre und knabbert begeistert.
Hase: *Juhuuu, Ostern ist gerettet!*
Der Hase nimmt den Korb und gibt der Hexe und jedem Wichtel ein Osterei.
Hase: *Hier. Für euch.*
Wichtel 1: *Oh, ah, guck.*
Wichtel 2: *Oh, oh – Osterei!*
Wichtel 3: *Fein, fein.*
Hexe: *Oh, danke. Lecker Eichen.*
Wichtel 1: *Hoho! Eier titschen? Ja?*
Alle anderen: *Ja, ja, Eier titschen.*
Der Hase wandert winkend davon.
Hase: *Fröhliche Ostern.*
Alle anderen: *Fröhliche Ostern!*
Die Wichteln titschen Eier.

Wer hat die Farben geklaut?

Sechs Osterhasen freuen sich darauf, Eier zu bemalen und stellen dann mit Entsetzen fest, dass die Farben verschwunden sind.

Ein Spielstück für den großen oder kleinen Rahmen, bei dem zwei zickige Gänse für Erheiterung sorgen.

Alter: ab 4 Jahren

Kostüme und Requisiten

Kostüme für die Mitwirkenden

Gänse: weiße langärmelige Shirts und weiße Leggings, Stopfmaterial (Watte, Woll-, Stoffreste), weiße Bademützen, gelbe oder orange Schwimmflossen, gelbes Tonpapier, Gummiband

Der Po wird ausgestopft, sodass er nach hinten herausragt.Die Schnäbel werden aus gelbem Tonpapier gebastelt und mit Gummiband befestigt (siehe Storchenmaske, aber mit kürzerem Schnabel, Seite 96).
Hasen: Hasenohren (siehe Seite 68)

Requisiten

Tisch, 6 Stühle, Wasserglas, Farbkasten, viele Pinsel, jede Menge leere Eierkartons, gelbe Schwimmflosse, zwei große Eier (Styropor)

Bevor es losgeht

Auf die Bühne kommt ein Tisch.

Auf den Tisch in die Mitte einen Wasserbecher und ein Marmeladenglas mit vielen verschiedenen Pinseln stellen. Unter den Tisch eine gelbe Schwimmflosse legen. Neben dem Tisch leere Eierkartons platzieren.

Die Aufführung

Szene 1: 6 Osterhasen
Die Osterhasen kommen auf die Bühne.
Hasen: *Juhu. Jetzt malen wir Ostereier an.*
Die Osterhasen gehen zum Tisch und gucken suchend herum.
Hase 1: *Oh Schreck!*
Hase 2: *Wo sind denn unsere Farben?*
Hase 3: *Oh weh. Die Farben sind weg!*
Hase 4: *Hier war ein Dieb!*

Hase 5: *So ein Schuft!*
Hase 6: *Und was machen wir jetzt?*
Hase 1: *Oh je! Ohne Farben gibt es keine Ostereier.*
Hase 2: *Oh je! Ohne Ostereier gibt es keine fröhlichen Ostern.*
Hase 3: *Oh je! Ohne fröhliche Ostern gibt es keine fröhlichen Kinder.*
Hase 4 **(hoffnungsvoll):** *Vielleicht sind die Farben ja nur runtergefallen?*
Alle Hasen gucken unter den Tisch.
Alle: *Nein, da sind sie nicht.*
Hase 5 entdeckt die Schwimmflosse, holt sie unter dem Tisch vor und legt sie drauf.
Hase 5: *Und das? Was ist das?*
Alle: *Das ist – das ist ein komischer Schuh.*
Hase 6: *Aha!*
Alle: *Aha!*
Hase 1: *Das – ist ein Beweis! Dieser Schuh gehört dem Farbendieb!*
Hase 1 probiert die Flosse an und watschelt eine Runde.
Alle Hasen kichern.
Hase 2: *Mhmm – und wem gehört der Watschelschuh? Frau Ente?*
Hase 1 watschelt noch.
Hase 3: *Frau Ente hat doch nicht so große Füße!*
Hase 4: *Stimmt. Aber eine Gans, die hat so große Füße.*
Alle: *Auf zu den Gänsen!*
Alle Hasen gehen von der Bühne.

Szene 2: 2 Gänse: Emilie Schnatter und Gisela Plapper

Die zwei Gänse Emilie Schnatter und Gisela Plapper stehen am Tisch. Unter dem Tisch liegen zwei große Eier. Emilie hat nur einen „Schuh" an und trägt den Farbkasten.
Emilie: *Schnatterati, schnatterata!*
Emilie legt den Farbkasten auf den Tisch.
Emilie: *Na, liebe Gisela Plapper, was sagst du nun?*
Gisela: *Großartig, liebe Emilie Schnatter. Ganz großartig.*
Emilie: *Jetzt können wir endlich unsere eigenen Ostereier bemalen, Gisela Plapper.*
Gisela: *Oh ja, Emilie Schnatter. Oh ja.*
Emilie zeigt ein großes Ei.
Emilie: *Hast du auch so ein schönes Ei gelegt, Gisela Schnatter?*
Gisela zeigt auch ein Ei.
Gisela: *Aber ja, Emilie Plapper!*
Beide: *Schnatterati, schnatterata!*

Szene 3: 6 Hasen, 2 Gänse

Die Hasen kommen auf die Bühne. Einer läuft noch immer mit einer Schwimmflosse.
Alle Hasen: *Ha! Jetzt haben wir euch! Das sind unsere Farben!*
Emilie: *Ihr dummen Hasen. Was fällt euch ein?*
Gisela: *Das sind unsere Farben. Stimmt's, Emilie Schnatter?*
Emilie: *Genau!*
Hasenchor: *Nein, nein, nein!*
Emilie: *Doch! Doch!*
Der Hase zeigt die Schwimmflosse an seinem Fuß.
Hase 1: *Ha! Und was ist das hier?*
Emilie: *Ok, ich gebe es zu. Ich hab mir die Farben nur mal eben ausgeliehen.*
Alle Hasen: *Und warum?*
Emilie: *Wir wollen auch mal Ostereier anmalen – darum!*
Gisela: *Ja, genau. Wir haben extra schöne Eier gelegt.*
Die Hasen gucken die großen Eier an.
Alle Hasen: *Boah.*
Hase 2: *Mhhm, das sind ja echt tolle Eier!*
Hase 3: *Suuuuuper.*
Hase 4: *Da freuen sich die Kinder bestimmt drüber!*
Hase 5: *O.k. ihr Gänse – kommt mit. Wir malen jetzt alle zusammen Ostereier an.*
Emilie: *Hast du das gehört, Gisela Plapper?*
Gisela: *Ja, Emilie Schnatter.*
Beide Gänse: *Schnatterati, schnatterata! Das ist ja großartig! Danke!*
Alle gehen einmal winkend im Kreis herum und ziehen dann von der Bühne.
Hase 6 kommt zurück.
Hase 6: *So ein Glück! Jetzt gibt es doch Ostereier! Und mit Ostereiern gibt es fröhliche Ostern!*
Alle: *Und mit fröhlichen Ostern gibt es fröhliche Kinder!*

Gackernde Hühner

Eine Hommage an die Hühnerbande, ohne die es keine Ostereier gäbe: Der komische Hühnertanz passt aber auch gut zu Karneval. Die Spielleitung spricht den kursiven Text und macht die Bewegungen vor.

Alter: ab 4 Jahren

Die Aufführung

Der Hühnereiertanz

Melodie: D. Ferber
CD: Track 12

Die Kinder stellen sich in einer Reihe nebeneinander auf, die Arme lassen sie nach unten hängen. Den Kopf neigen sie zur Seite. Der Hahn spaziert, „Brust raus", vor der Reihe herum.

Auf dem kleinen Hühnerhof,
da wohnen viele Hennen.
Die gackern jeden Tag im Chor ...
Alle gackern.
... und führ'n dem Hahn ein Tänzchen vor.
Hühner winkeln die Arme an und bewegen die Flügel auf und ab.
Das ist ja wohl total verrückt, aber der Gockel ist entzückt.
Der Hahn spaziert „Brust raus" vor der Reihe und „flattert" mit den „Flügeln".
Und jetzt tanzen alle mit!
Los geht's mit dem Hühnerhit!
Die Hühner plustern sich auf: Brust raus.
Es folgt der Tanz mit Musik im Hintergrund.
Die Hühner bewegen die Flügel auf und ab und wippen auf der Stelle vor und zurück.
Mit dem Schnabel,
hack, hack, hack!
Kopf vor- und zurückstrecken
Da, ein Körnchen!
schnapp, schnapp, schnapp!
Mit dem Kopf nicken
Und die Füße
schrapp, schrapp, schrapp!
Mit dem rechten Fuß auf der Stelle scharren
Bürzel heben:
zack, zack, zack!
Alle drehen sich um, strecken den Po heraus und wackeln damit hin und her.
Eier legen,
gack, gack, gack!
Po raus, mit den Knien auf und ab wippen
Köpfchen runter –
hat's geklappt?
Kopf nach unten beugen und durch die Beine gucken
Große Freude,
gacker-di-gack!
Kopf wieder nach oben und hopsen
Mit den Flügeln,
flapp, flapp, flapp!
Mit den Flügeln schlagen
Und eins, zwei, drei
noch ein Osterei!
Po raus, mit den Knien auf und ab wippen
Gacker-di-gack,
hopsen
das hat Hühnchen toll gemacht!
Alle rennen durcheinander und gackern.

Kunterbuntes Sommerfest

Fantasievolle Aufführungen mit Show- und Sketchelementen

Für Sommerfeste in den Kindergärten hat sich, ähnlich wie beim Karneval, eine bunte Mischung von abwechslungsreichen Angeboten gut bewährt, wobei hier das Mitmachen von Seiten des Publikums nicht so sehr im Vordergrund steht. Wichtig ist vor allem, dass alle Altersgruppen die Gelegenheit bekommen, auf der Bühne zu agieren, und dass es auch Aktionen gibt, bei denen alle mitmachen können.

Ein poetisch verträumter Blumentanz lässt schon die Kleinen vor Publikum gut zur Geltung kommen. Beim darstellenden Elfenspiel können alle mitmachen, auch das Publikum, und zum Lied vom Storch zeigen die Kinder, wie schön sie singen und auf der Wiese herumstaksen können. Darauf folgt wieder ein Rollen-Spielchen, bevor der lustige Schwimmtrupp mit sommerlichem Badespaß die Lachmuskeln strapaziert. Zum Schluss brechen die jungen SchauspielerInnen dann in einen Familienurlaub mit Hindernissen auf.

Die Blümelein

Eine poetisch verträumte tänzerische Aufführung, die gut von den Kleineren zu bewältigen ist und bei der Verwandtschaft immer für großen Stolz und für Rührung sorgt.

Alter: ab 3 Jahren

Kostüme und Requisiten

Kostüme für die Mitwirkenden

Die Blumenkinder tragen die schmuckvollen Blumenkränze (siehe unten) sowie einfarbige Leggings oder schwingende Röckchen und Oberteile in sommerlichen Farben.

Requisiten

Benötigt werden Blumenkränze, 1 großer Mond und 1 große Sonne aus Pappe, jeweils an einem Stiel.

Blumenkranz aus Bast

Der folgende Kranz ist recht einfach zu basteln, wenn die Kinder in der Lage sind, einen Zopf zu flechten. Alternativ können sie auch einen fertigen Bastzopf bekommen, in den sie die Blumen stecken.

Alter: ab 5 Jahren
Material: 1 Strang Bast (Bastelladen, Baumarkt), verschiedene Blumen und Gräser

Aus drei fingerdicken Baststrängen einen Zopf flechten. Am Anfang und am Ende ein Stück Bast ungeflochten lassen und den Zopf an den überstehenden Enden zum Kranz zusammenknoten.

In jedes Flechtloch eine Blume stecken.

Bevor es los geht

Diese Aufführung kann auf einer Bühne, auf der grünen Wiese oder in einem Garten stattfinden.

Zwei Kinder bekommen die Aufgabe, Mond und Sonne zu bewegen.

Vor der Aufführung wird geprobt und dabei auch festgelegt, von wo aus die „Sonne“ und der „Mond“ sich auf den Weg machen.

Die Aufführung

Die Spielleitung leitet an und spricht im Idealfall den Text frei, oder liest vom Blatt ab.

Die Kinder liegen zusammengekauert auf dem Boden.
In der Nacht, da schlafen die Blümelein.
Sie schlafen und träumen im Mondenschein.
Ein Kind trägt den Mond vorbei.
Ja, so schlafen die Blümelein,
doch beim ersten Sonnenschein,
Ein Kind trägt die Sonne vorbei.
da erwachen die schönen Blümelein.
Die Kinder recken und strecken sich.
Ihre zarten Blütenblätter öffnen sich,
Die Kinder öffnen ihre Arme.
und ihre Stängel recken sich.
Die Kinder stehen langsam auf.
Nun tanzen die Blumen im Sommerwind,
Die Kinder wiegen sich hin und her.
und drehen sich im Kreis geschwind,
Die Kinder drehen sich im Kreis.
bis die Sonne am Abend untergeht,
Ein Kind trägt die Sonne vorbei.
Die Blumenkinder sinken zusammen.
und der Mond wieder am Himmel steht.
Ein Kind trägt den Mond vorbei.
Die Kinder liegen zusammengekauert auf dem Boden.
Denn in der Nacht, da schlafen die Blümelein.
Sie schlafen und träumen im Mondenschein.
Alle stehen auf und verbeugen sich.

Die Wächterin der Elfen

Wenn Elfen auf der Blumenwiese unterwegs sind, passt eine Baumelfe auf, warnt vor möglichen Gefahren und sagt, was zu tun ist. Ein darstellendes Spiel, das sich sehr schön auf einer Wiese aufführen lässt, während das Publikum sich im Kreis um die „Bühne“ herum versammelt. Nach einer Runde könnten sich auch Kinder aus dem Publikum dazugesellen und mitmachen.

Alter: ab 4 Jahren

Kostüme und Requisiten

Kostüme für die Mitwirkenden

Blumenelfen: Kleidungsstücke in Blumenfarben (Hippiekleider), die möglichst an Armen und Beinen ausgestellt sind, Elfenohren (siehe unten)

Baumelfe: grüne Kleidungsstücke, die möglichst an Armen und Beinen ausgestellt sind, Elfenohren (siehe unten)

Elfenohren

Material: Modellierwachs (Theaterbedarf), Klämmerchen

Die Haare nach hinten stecken, sodass die Ohren frei sind. 2 cm der Modelliermasse weich kneten. Dann über der Spitze des Daumens wie ein Zwergenhütchen formen. Dieses Dreieck auf die Ohrenspitze setzen und mit den Fingern schön glatt streichen.

Die Aufführung

Die Elfen „fliegen“ mit ausgebreiteten Armen auf der Wiesenbühne herum.

Die Spielleitung übernimmt die Rolle der Baumelfe. Sie gibt die Anweisungen, auf die die Elfen so schnell wie möglich reagieren. Hier sind der Fantasie keine Grenzen gesetzt, die Kinder haben während der Proben sicherlich viele Ideen. Hier ein paar Vorschläge:

Die Elfen wollen Hochzeit feiern.
Alle suchen sich einen Partner.
Auf zum fröhlichen Tanz!
Die Elfenpaare drehen sich im Kreis herum.
Ihr Blumenelfen, aufgepasst: Gleich gibt es Regen!
Die Elfen ducken sich schnell und bilden mit den Händen ein Dach über dem Kopf.
Achtung, ein Raubvogel ist im Anflug!
Die Elfen legen sich hin und rühren sich nicht.
Ihr Elfen, die Gefahr ist vorbei.
Die Elfen stehen wieder auf.
Es wird Zeit für den Trolltanz.
Die Elfenpaare haken sich ein und stampfen im Kreis herum, erst in die eine, dann in die andere Richtung.
Der Tag geht zu Ende. Die Nacht bricht herein.
Die Elfen legen sich hin und gähnen.

Die tanzenden Kita-Störche

Mit einer einfachen Maske und dem nachfolgenden Kostümierungsvorschlag lassen sich die Jungstörche publikumswirksam in Szene setzen. Der Tanz zum Lied „Auf der Wiese gehet was“ ist auch für die Zuschauerinnen und Zuschauer eine große Freude.

Alter: ab 4 Jahren

Kostüme und Requisiten

Storchenkostüm

Eine ganz einfache Variante für einen hübschen Storch

Material: rote Strumpfhosen, weiße Laken, schwarzer Stoff oder schwarzes Krepppapier, Schere, Doppelklebeband

In die Mitte des Lakens mit der Schere ein Loch schneiden, das so groß ist, dass der Kopf des Kindes durchpasst. Dann aus Krepppapier oder Stoff ca. 3 cm breite Streifen schneiden. Die Länge ist beliebig, allerdings sollten keine „Stolperstreifen“ entstehen. Ein Kind zieht das Laken über und breitet die Arme zur Seite aus. Die Spielleitung oder ein anderes Kind legt dann Stoff- oder Papierstreifen nacheinander über die Arme und fixiert sie mit einem Stück Doppelklebeband. Sie sollen seitlich locker herunterhängen und als „Flügel“ zum Flattern dienen. Wenn die Streifen zu lang geraten sind, wird noch gekürzt.

Dann eine rote Strumpfhosen anziehen, die gebastelte Maske (siehe unten) aufsetzen und fertig ist der Kita-Storch!

Storchenmaske

Material: weißer und roter Bastelkarton, Gummiband, Bastelschere, Nagelschere, Bleistift, Kopiervorlage (siehe Seite 96)

Auf weißen Bastelkarton eine Halbmaske entsprechend der Kopfgröße aufzeichnen und ausschneiden. Die Augenöffnungen einzeichnen und mit einer Nagelschere ausschneiden. Seitlich jeweils ein kleines Loch bohren und mit Klebefolie verstärken. Den Schnabel gemäß Skizze auf den roten Karton aufzeichnen und ausschneiden. Dann den Schnabel entlang der Mittellinie knicken. Die Klebelaschen nach hinten biegen. Dann den Schnabel auf die Halbmaske aufkleben. Ein Gummiband durch die Löchlein an der Seite der Maske fädeln und auf der Rückseite der Maske verknoten.

Diese Maske passt mit veränderter Schnabellänge auch zu anderen Vögeln.

Die Aufführung

Auf uns'rer Wiese gehet was ...

Text: Heinrich Hoffmann von Fallersleben (1798–1847)
Musik: traditionell
CD: Track 13

Die Kinder gehen im Kreis herum und singen das Lied „Auf unsrer Wiese gehet was". Dabei bewegen sie sich staksig vorwärts wie „der Storch im Salat". Sie ziehen und strecken die Beine möglichst hoch und dann nach vorn.

In der zweiten Strophe ändern sie die Laufrichtung.

Auf unsrer Wiese gehet was,
watet durch die Sümpfe.
Es hat ein schwarzweiß' Röcklein an
und trägt rote Strümpfe.
Fängt die Frösche,
schnapp, schnapp, schnapp.
Mit den Händen Schnappbewegungen machen.
Klappert lustig, klapperdiklapp.
Wer kann das erraten?
Ihr denkt, das ist der Klapperstorch,
watet durch die Sümpfe.
Er hat ein schwarzweiß' Röcklein an
und trägt rote Strümpfe.
Fängt die Frösche,
schnapp, schnapp, schnapp,
Mit den Händen Schnappbewegungen machen.
Klappert lustig, klapperdiklapp.
Nein, das ist Frau Störchin.

Plitschplatsch, Wasser ist nass – sommerlicher Badespaß

Sommerzeit ist Badezeit. Dazu passt diese humoristische Aufführung. Das Publikum wird sich mindestens so gut amüsieren wie die Kinder, die diese herrliche Parodie ganz ohne Worte darbieten. Der Aufwand ist nicht groß, denn die meisten Materialien finden sich sicher in irgendeinem Fundus. Die Aufführung kann auch auf einer improvisierten Bühne draußen stattfinden.

Alter: Vorschule

Kostüme und Requisiten

Kostüme für die Mitwirkenden

Schwimmer: Handtücher, Badekleidung, Schwimmbrillen, lustige Bademützen

Requisiten

Blaue, blickdichte Plastikfolie oder blaue Plastikmüllsäcke, Schere, Klebeband, dicke weiche Turnmatten, Ständer, aufblasbarer Haifisch (Schwimmtier), außerdem Marschmusik bzw. spannende Musik, z. B. aus „Jaws"

Bevor es los geht

Wichtig ist, genug Zeit für Proben einzukalkulieren, denn diese Darbietung lebt von der übertriebenen Darstellung. Daneben gilt es auch, die Choreographie zu verinnerlichen und möglichst koordiniert vorzugehen. Es sollte auch eine Person aus der Publikumsperspektive Rückmeldung geben, wie die Darbietung optisch wirkt.

Im Bühnenzentrum dicke Turnmatten nebeneinander auslegen. Davor links und rechts Ständer platzieren.

Für das „Wasser" blaue Müllsäcke in ca. 50 cm breite Bahnen schneiden und mit Klebeband zusammenfügen.

Die entstandene Folienbahn an zwei Ständern vor den Matten so befestigen, dass sie ein wenig locker sitzt, um den Wassercharakter hervorzuheben. Die Breite der Folie ausprobieren – so niedrig wie möglich, damit die Kinder leicht drüber kommen und so hoch wie nötig, damit die Kinder nicht gesehen werden können.

Zum Schluss zwei Helfer wählen, denn die werden zur Unterstützung der Kinder hinter der Folie gebraucht.

Die Aufführung

Die Schwimmer laufen mit einem Handtuch um die Hüften in einer Reihe hintereinander ein und schwingen die Arme auf und ab.

Sie bleiben vor der Wasserkonstruktion stehen, machen einen kleinen Hopser auf der Stelle und werfen die Handtücher ab.

Alle drehen ihren Kopf Richtung Publikum und gucken ganz stolz.

Dann heben sie den linken Arm hoch wie Schwimmer, die gleich loskraulen wollen.

Sie hechten nacheinander seitlich über die Plastikfolie ins „Wasser".

Hinter der Folie legen sie sich hin und heben beide Beine hoch (wie bei einer „Kerze").

Sie spreizen die Beine wie eine Schere – auf und zu.

Danach verschwinden sie.

Alle tauchen wieder auf und wieder ab.

Alle sind wieder weg.

Alle tauchen, von einer Seite angefangen, nacheinander auf und fassen sich an die Schultern.

Eine Runde hin und herschunkeln.

Untertauchen.

Kurze Stille.

Jetzt wird spannende Musik abgespielt, z. B. Jaws

Hinter der Folie krabbelt ein Kind für das Publikum unsichtbar von einer Seite zur anderen und hebt den Plastikhai immer wieder nach oben, sodass es aussieht, als würde er durch das Meer schwimmen.

Von beiden Seiten erscheinen Schwimmer, die übertrieben große Kraulbewegungen zeigen.

Dazwischen wird der Hai immer wieder hochgehoben.

Ein Schwimmer packt den Fisch und kämpft mit ihm, erst schüttelt er ihn, dann fällt er nach hinten, richtet sich wieder auf, schmeißt ihn hoch usw.

Schließlich tauchen zwei Schwimmer mit dem Hai auf und werfen ihn mit gaaanz viel Anstrengung „aus dem Wasser" vor die Plastikfolie.

Alle Schwimmer stehen auf und verbeugen sich.

Wenn wir in den Urlaub fahr'n

Ein Schauspiel mit lustiger Reimerei rund um das Thema Familienurlaub, das sich besonders gut als Abschluss eines Sommerfestes eignet, bevor es dann wirklich für viele losgeht.

Am einfachsten gelingt die Umsetzung, wenn fünf Kinder jeweils einen Reim vortragen. Die letzten zwei Zeilen sprechen dann alle zusammen.

Alter: ab 4 Jahren

Requisiten

Leere, kleine Koffer und Reisetaschen, Vogelkäfig mit einem Spielzeugvogel und der Familienbus (siehe Anleitung)

Der Familienbus

Alter: ab 4 Jahren
Material: 2 möglichst große Kartons, Stift, Lineal, Cutter, Pappteller, Plakafarben oder Deckfarben, Klebeband

Die Rückwand und den Boden aus den Kartons heraustrennen, sodass sie stabil stehen und die Kinder von hinten „einsteigen" können. Dann an der Vorderseite Fenster aufmalen und herausschneiden. Mit dem zweiten Karton ebenso verfahren und diesen hinter den ersten stellen und eventuell mit Klebeband fixieren.

Die Kinder malen den Urlaubsbus nach ihren Vorstellungen an. Als Räder kleben sie je zwei angemalte Pappteller an den Karton. Fertig ist der Familienbus!

Die Aufführung

Pit muss mit

Der gebastelte Bus ist mittig auf der Bühne platziert. Die Kinder marschieren in einer Reihe hintereinander auf der Bühne ein. Alle tragen verschiedene Gepäckstücke, die sie vor dem Bus abstellen. Ein Kind trägt den Vogelkäfig. Die Spielleitung trägt den Text möglichst frei vor, die Kinder agieren dazu.

Wenn wir in den Urlaub fahr'n,
dann kommen alle mit.
Oma, Opa, Papa, Mama,
Alle hopsen und winken.
alle Kinder – und der Pit.
Denn der Pit,
der fährt mit.
Den Vogelkäfig hochheben.
Wenn wir in den Urlaub fahr'n,
Koffer um den Bus herumtragen.
dann nehmen wir viel mit.
Oma, Opa, Papa, Mama,
alle Kinder – und den Pit.
Denn der Pit,
der fährt mit.
Den Vogelkäfig hochheben.
Hurra, jetzt geht es endlich los!
Alle steigen ein.
Und alle fahren mit.
Oma, Opa, Papa, Mama,
Alle bewegen sich auf und ab und winken.
alle Kinder – und der Pit.
Doch der Pit
fährt nicht mit.
Käfig bleibt vor dem Bus stehen.
Wenn wir in den Urlaub fahr'n,
dann müssen alle mit.
Oma, Opa, Papa, Mama,
Alle bewegen sich auf und ab und winken.
alle Kinder – und der Pit.
Wo ist Pit???
Alle steigen wieder aus
Der muss mit!
und holen den Käfig.
Hurra, jetzt geht es wieder los
Alle steigen wieder ein.
und alle fahren mit.
Oma, Opa, Papa, Mama,
Alle hopsen auf und ab und winken.
alle Kinder – und der Pit.
Denn der Pit,
der fährt mit.
Den Käfig ans „Fenster" halten.
Alle: *Tschüss, tschüss! Schönen Urlaub euch allen!*

Tschüss, Adieu, Auf Wiedersehen

Verabschiedung von der Kita

Die Verabschiedung von der Kindergartenzeit bietet ebenso wie der Eintritt in den Kindergarten Anlass für eine Feier mit einem Rahmenprogramm für alle Anwesenden. Mit einer kleinen Träne im Knopfloch auf der einen Seite und großer Freude und Neugier auf den neuen wichtigen Lebensabschnitt auf der anderen Seite geht diese schöne Zeit mit einem Fest zu Ende, zu dessen Gelingen die folgenden Aktionsvorschläge ihren Beitrag leisten möchten: Zunächst wird ein lustiges Orakel befragt, was die Zukunft wohl so bringen könnte. Es folgt ein kleines Theaterstück zur Erstellung des obligatorischen Erinnerungsfotos. Und zum Schluss geht es mit einem Lied – nein, nicht zum Städtele –, sondern zum Kindergarten raus.

Das große Booga Booga Booga

Das große Booga Booga Booga ist ein mächtiges und sehr weises Zauberwesen, das jede Frage nach der Zukunft beantwortet. Und da den Kindern ein ganz neuer Lebensabschnitt bevorsteht, gibt es allerlei zu orakeln.

Was für eine Frage gestellt wird, sollte jedes Vorschulkind sich am besten vorher selber ausdenken, denn diese Aufführung lebt von, mit und durch die fragenden Kinder. Da darf auch viel Quatsch und jede Menge Unsinn dabei sein!

Alter: Vorschule

Kostüme

Das Booga Booga Booga wirkt optisch sehr gut, wenn die drei DarstellerInnen in unterschiedlichen Farben gekleidet sind, also z. B mit Leggings und Longsleeves.

Bevor es los geht

Die Spielleitung schreibt bei den Proben sowohl die Fragen der Kinder als auch die Antworten von Booga Booga Booga auf, sodass die Nummer für eine Vorführung eingeübt werden kann. Die zwei folgenden Fragen sind lediglich Vorschläge.

Die Aufführung

Booga Orakelmusik

Melodie: H. Höfele
CD: Track 14

Drei Kinder spielen zusammen das große Orakelwesen. Ein Kind setzt sich im Schneidersitz hin. Das zweite kniet sich dahinter. Das dritte stellt sich hinter die beiden anderen. Alle drei senken den Kopf und falten die Hände wie zum Gebet. Die Musik wird im Hintergrund zugespielt. Das erste Vorschulkind kommt auf die Bühne und stellt seine Frage: *„Werde ich mal ein Superstar?"* Das große Booga Booga Booga antwortet immer so, dass ein Kind nach dem anderen ein Wort sagt und dabei die Arme nach außen streckt und die Hände flattern lässt z. B.

Kind 1: *Ja*
Kind 2*: Und*
Kind 3: *Nein*

Jede Antwort endet dann mit dem gemeinsamen Spruch:

Kind 1: *Booga*
Kind 2: *Booga*
Kind 3: *Booga*
Kind 1: *Hat*
Kind 2: *Weise*
Kind 3: *Gesprochen*

Das nächste Kind kommt auf die Bühne und stellt seine Frage:

„Darf mein Hund mit in die Schule?"

Kind 1: *Wuff*
Kind 2: *Wuff wuff*
Kind 3: *Wuff, wuff, wau wau*

Darauf folgt der gemeinsame Spruch. So geht es dann auch mit den anderen Kindern und ihren Fragen weiter.

Das Gruppenfoto

Bevor die zukünftigen Schulkinder den Kindergarten verlassen, soll zur Erinnerung noch ein tolles Gruppenfoto gemacht werden. Dazu wird extra ein Fotograf engagiert, doch das Shooting läuft nicht wie geplant.

Diese Aufführung verlangt ziemlich viel Faxenmacherei, was ja den meisten Kindern nicht besonders schwer fällt – also immer schön übertreiben. Viel Vorbereitung ist nicht nötig.

Alter: Vorschule

Kostüme und Requisten

Kostüme

Spielleitung und der Vorschulkinder: Sonntagskleidung
Fotograf Herr Blitz: ordentliche Hose, Jackett

Requisten

Fotoapparat, 1 großer aufgeblasener Luftballon, 1 Piekser

Die Aufführung

Die Kinder stehen locker verteilt auf der Bühne
Die Spielleitung trägt den Luftballon und erscheint mit dem Fotografen.
Spielleitung: *Kinder, das ist Herr Blitz. Herr Blitz ist Fotograf.*
Herr Blitz verbeugt sich.
Herr Blitz: *Guten Tag, ihr lieben Kinderlein!*
Die Kinder kichern.
Alle Kinder: *Guten Tag, Herr Blitz!*
Spielleitung: *Herr Blitz wird nun zur Erinnerung ein schönes Gruppenfoto von uns allen machen. Mit mir und einem bunten Luftballon. Nicht wahr, Herr Blitz?*
Herr Blitz: *So ist es.*
Spielleitung: *Also Kinder, stellt euch ordentlich hin!*
Alle rennen durcheinander und stellen sich nebeneinander in eine Reihe.
Herr Blitz: *Nein, nein, aber doch nicht so!*
Die Reihe löst sich auf und die Kinder bilden unter Geschubse und Gedrängel eine Reihe hintereinander. Die Kleineren schieben links und rechts die Köpfe vor.
Herr Blitz: *Aber nein, nein, nein, nein! So geht das nicht.*
Spielleitung: *Kinder, stellt euch in* ________ **(sinnvolle Zahl je nach Gruppengröße einsetzen)** *Reihen hintereinander.*
Herr Blitz: *Die Kleinen nach vorne, die Großen nach hinten.*
Es gibt ein großes Durcheinander, bis die Kinder so stehen. Ein kleines Kind stellt sich zu den Großen, sodass man es nicht sieht.
Herr Blitz: *Gut, gut. Alle bereit?*
Herr Blitz zückt seinen Fotoapparat.
Spielleitung: *Moment, Herr Blitz. Wo ist denn* ________ **(Name des Kindes einsetzen)***?*
Das Kind winkt.
Kind: *Huhu, hier bin ich!*
Spielleitung: *Was machst du denn da hinten?*
Kind: *Ich bin schon groß!*
Spielleitung: *Komm sofort nach vorne.*
Kind: *Na gut.*
Alle stehen still.
Herr Blitz: *So, gleich geht's los. Bitte lächeln!*
Alle Kinder machen schreckliche Grimassen.
Herr Blitz: *Was macht ihr da?*
Alle Kinder: *Nix, nix.*
Herr Blitz: *So wird das nichts mit dem Erinnerungsfoto. Ich geh' jetzt ...*
Alle Kinder: *Oh nein! Wir wollen ein Foto.*
Herr Blitz: *Na gut. Dann bitte alle lächeln.*
Alle lächeln freundlich.
Herr Blitz: *Wunderbar. Sehr schön. Und jeeeeeetzt ...*
Er knipst und gleichzeitig gibt es einen großen Knall, weil der Luftballon von der Spielleitung zum Platzen gebracht wird.

Der Lauf des Lebens

Hier werden Vorstellungskraft und Darstellungsvermögen angesprochen.

Die Kinder führen ihr Leben vor – vom frühen Kindesalter bis zum jetzigen Zeitpunkt, nämlich dem Abschied vom Kindergarten. Das wirkt sehr rührend auf die Verwandtschaft im Publikum.

Alter: Vorschule

Die Aufführung

Die Spielleitung erzählt (oder liest von einem Blatt ab), während die Kinder weitgehend pantomimisch agieren.
Als ihr zum ersten Mal in den Kindergarten gekommen seid,
Herumgehen und sich die Hände reichen
da habt ihr geweint, wenn die Mama weggegangen ist.
Augen reiben und schniefen
Aber dann habt ihr Freunde gefunden
Paare bilden, einhaken und im Kreis hopsen
und im Morgenkreis zusammen Lieder gesungen.
Singen: „Lalalalalala"
Und ihr habt gebastelt
Mit den Fingern schnipp-schnapp machen
und Spiele gespielt
Hintereinander herlaufen und abklatschen
und geturnt:
Den Hampelmann machen
Dabei seid ihr immer weiter gewachsen.
Die Arme hoch in die Luft strecken
Und jetzt heißt es schon wieder Abschied nehmen
Winken
Denn nun seid ihr große Schulkinder!
Alle: *Ei, ei, ei, die Kindergartenzeit, die ist nun vorbei. Bye-bye!*
Winkend von der Bühne tanzen

Abschiedslied

Mit einem Lied auf den Lippen verabschieden sich die Schulkinder endgültig von ihrer Kindergartenzeit.

Dazu bilden alle Kinder des Kindergartens, ErzieherInnen und evtl. Eltern ein Spalier.

Wenn die zukünftigen Schulkinder durch das Spalier und zur Tür hinausschreiten, klatschen die Anwesenden in die Hände.

Alter: Vorschule

Die Aufführung

Muss ich denn, muss ich denn

Text: S. Steffe
Melodie: traditionell „Muss i denn, muss i denn zum Städtele hinaus"
CD: Track 15

Muss ich denn, muss ich denn
aus dem Kindergarten raus,
Kindergarten raus?
Denn hier war es so schön.
Doch ich will, doch ich will,
ich will in die Schule geh'n,
in die Schule geh'n.
Und darum geh' ich fort!
Es war schön, es war schön,
es war wunder-, wunderschön,
wunder-, wunderschön
Doch nun ist's Zeit zu geh'n.
Denn ich will, denn ich will,
ich will in die Schule geh'n,
in die Schule geh'n.
Und darum geh ich fort!

Kopiervorlagen

Das kleine Fledermaus-Schattentheater

Das kleine Fledermaus-Schattentheater

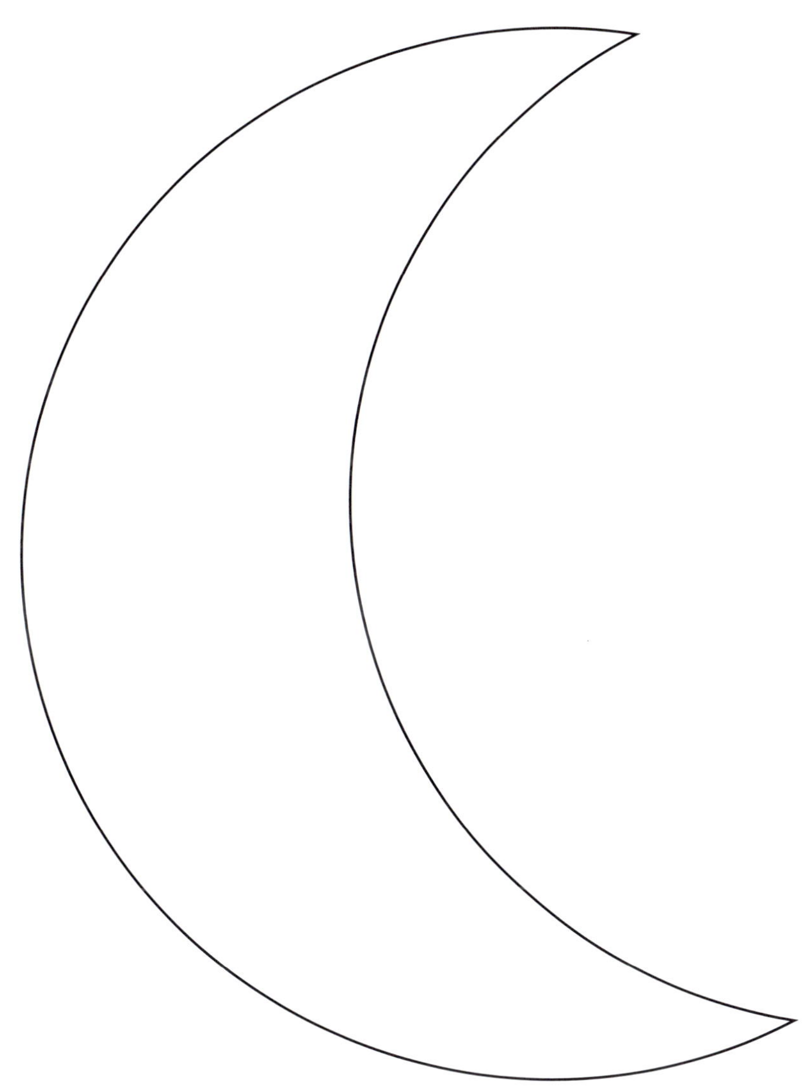

Das kleine Fledermaus-Schattentheater

Das kleine Fledermaus-Schattentheater

Das kleine Fledermaus-Schattentheater

Das kleine Fledermaus-Schattentheater

Der Mann im Mond – ein märchenhaftes Schattentheater

Der Mann im Mond – ein märchenhaftes Schattentheater

Der Mann im Mond - ein märchenhaftes Schattentheater

Der Mann im Mond – ein märchenhaftes Schattentheater

Der Mann im Mond – ein märchenhaftes Schattentheater

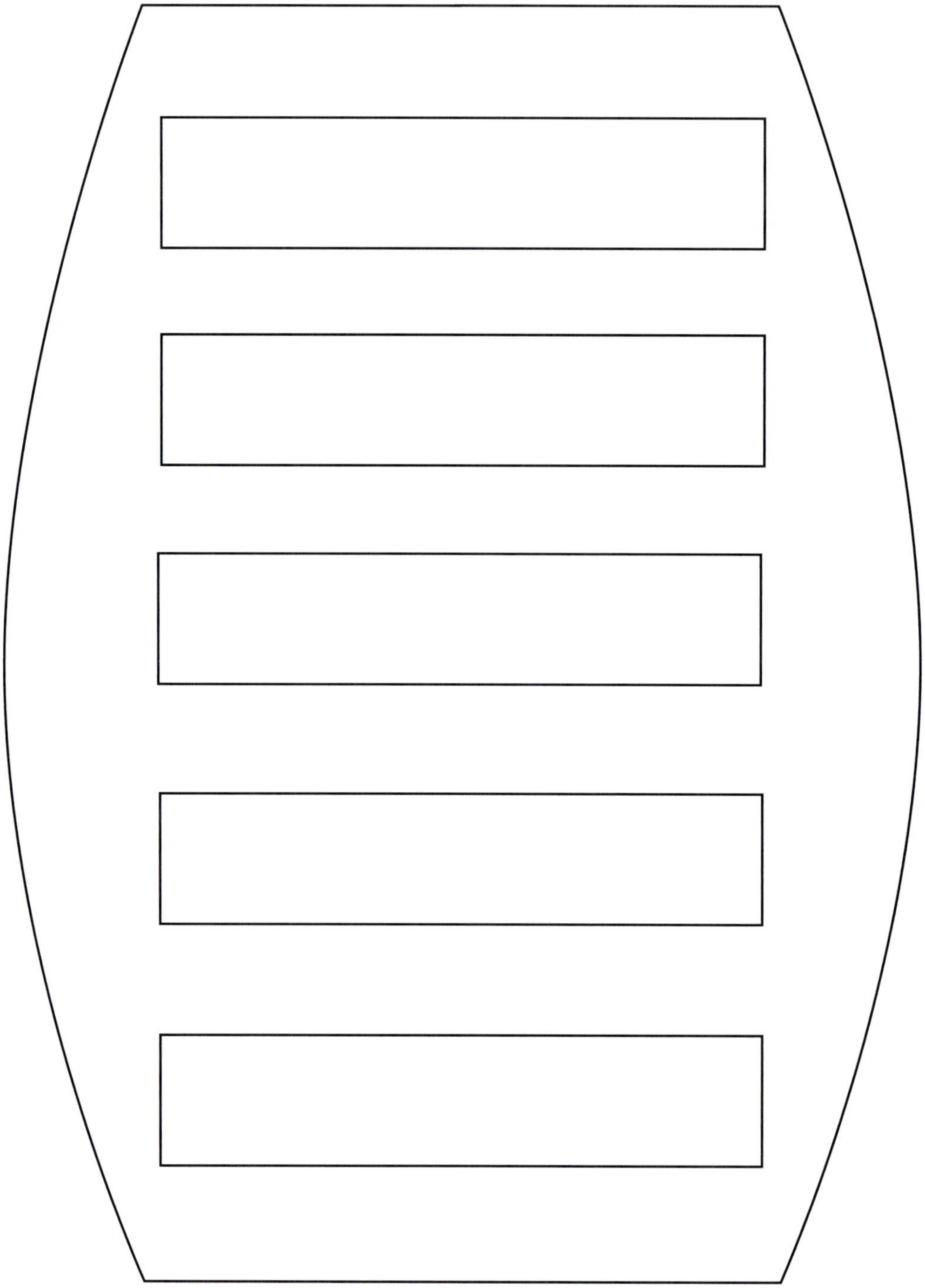

Der Mann im Mond – ein märchenhaftes Schattentheater

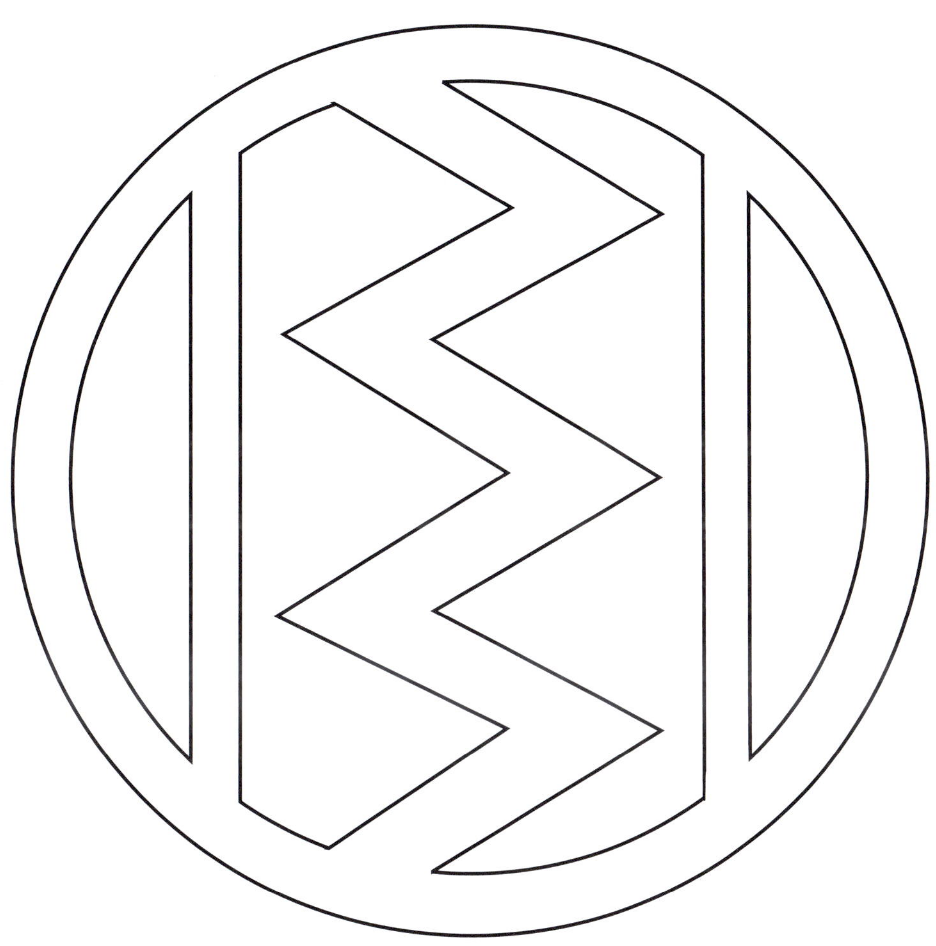

Die tanzenden Kita-Störche

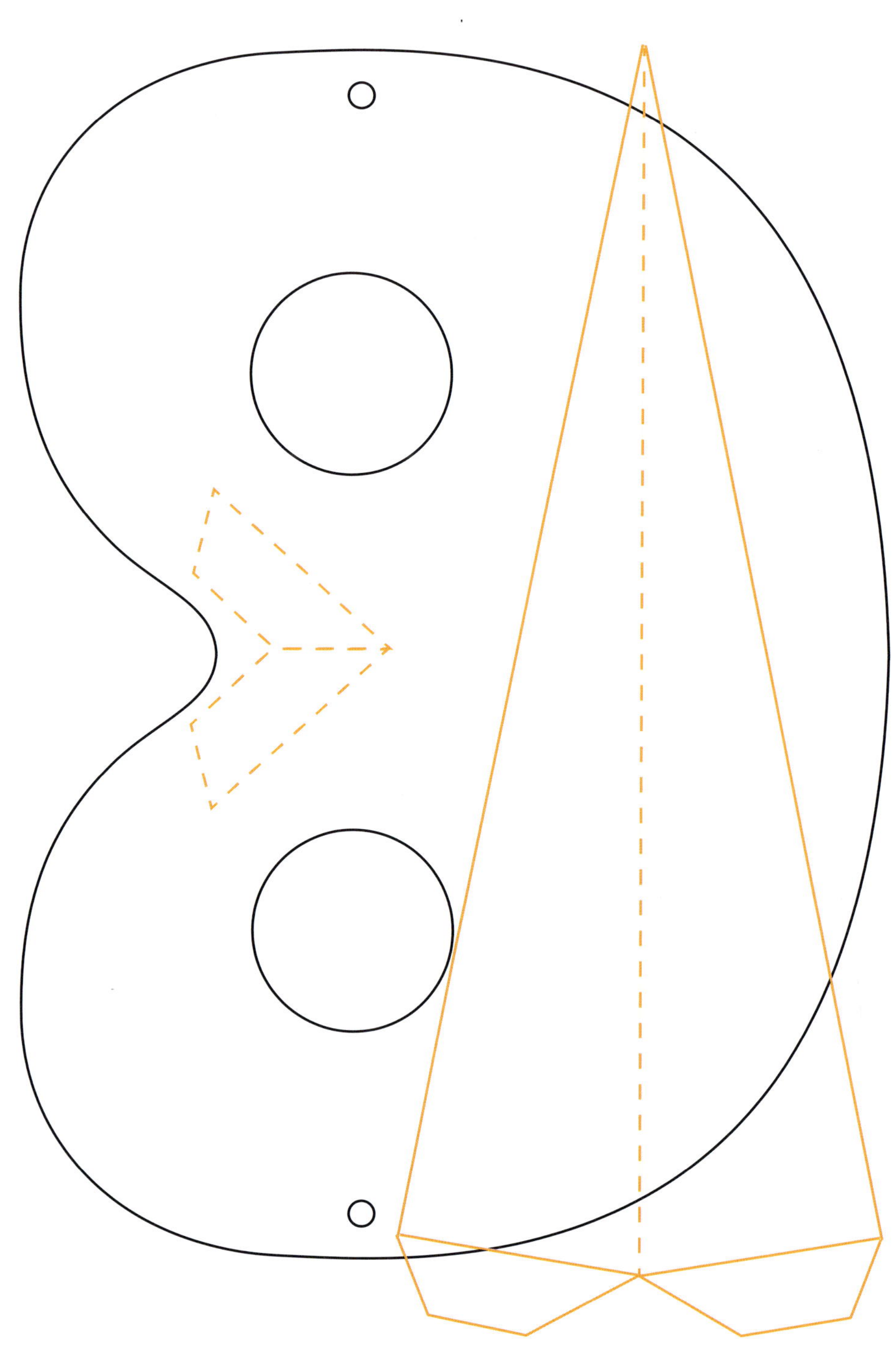

Die Autoren

Susanne Steffe, Jahrgang 1959, lebt und arbeitet gemeinsam mit Hartmut E. Höfele in Weinheim a. d. Bergstraße. Als Sachbuch-, Geschichten-, Kinderlieder- und Hörspielautorin bearbeitet sie seit mehr als 25 Jahren für den Ökotopia Verlag und andere bekannte Verlage die unterschiedlichsten Themen.

„Sie ist so fantasievoll wie klar. Sie ist so querdenkend wie gerade. Sie sucht nicht, sie findet nicht – sie IST. Ihre Stärke liegt in der lebendigen Art und Weise zu texten, in der Sprachkraft und in der Fähigkeit, schriftlich Sachverhalte zu erklären. Ihr ausgeprägtes Gespür für fantasievolle Geschichten kennzeichnen ihre Texte und begeistern Pädagoginnen und Kinder gleichermaßen ..."
(Musik-Redaktion Beate-M. Dapper)

Hartmut E. Höfele, Jahrgang 1956, Musikproduzent, Sound-Collagist, Liedermacher und Kinderbuchautor, lebt und arbeitet gemeinsam mit Susanne Steffe in Weinheim a. d. Bergstraße. Wertvolle Erfahrungen im sozialpädagogischen Bereich sammelte er in der Kinder- und Jugendgruppenarbeit beim Jugendwerk der Arbeiterwohlfahrt Nordbaden. Er gründete das „KinderMusikTheater Firlefanz", erdenkt, erfühlt und produziert regelmäßig Musik, Hörspiele und Bücher für Kleinste und Größere. Beim Hessischen Rundfunk moderierte er viele Jahre lang Radiosendungen für Kinder.

Hartmut E. Höfele spielte Best- und Longseller für verschiedene Verlage und große Musikkonzerne.

Die Illustratorin

Angela Fischer-Bick ist 1966 in Frankfurt am Main geboren. 1992 schloss sie ihr Studium der Visuellen Kommunikation an der Hochschule für Gestaltung in Offenbach mit Diplom im Schwerpunkt Buchgestaltung und Illustration ab.

Schon während des Studiums arbeitete Angela Fischer-Bick für verschiedene Verlage und Agenturen. Ab 1996 verlagert sich der Arbeitsschwerpunkt auf Kinderillustrationen, vorwiegend für namhafte Schulbuchverlage und für Erstlesebücher.

Nach einem 6-jährigen Aufenthalt in Italien, der weitestgehend als Familienzeit genutzt wurde, zog Angela Fischer-Bick 2013 nach Bremen. Dort lebt und arbeitet sie bis heute mit zwei inzwischen erwachsenen Töchtern, Mann und Hund.

Die CD

	Titel	Spieldauer
1	Willkommen in der Kita	0:47
2	One World Begrüßung	3:35
3	Löffelchen, komm spiel mit mir	1:11
4	Wir sind dankbar für die Ernte	1:22
5	Es fallen die Nüsse im Herbst von dem Baum	1:30
6	Die schönste Laterne	4:07
7	Ich heiße August Fridolin	1:13
8	Kling Glöckchen	1:49
9	Orientalisches Simsalabim	2:31
10	Samba-Polonaise	1:54
11	Boogie Woogie	1:55
12	Der Hühnereiertanz	2:20
13	Auf uns're Wiese gehet was	1:10
14	Booga Orakelmusik	1:43
15	Muss ich denn, muss ich denn	1:21